Benjamin Moser

Hertha BSC

Fußballfibel

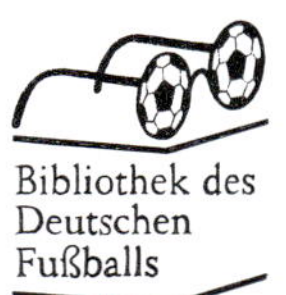

Herausgegeben von Frank Willmann und Marco Bertram

Der Autor:

Benjamin Moser wurde 1980 in Berlin geboren und wuchs unweit des Berliner Olympiastadions auf. Mit dem Aufstieg der Alten Dame Hertha in die Bundesliga begeisterte er sich für Verein und Umfeld. In einer Saison, in der intensiv von der Meisterschaft geträumt werden durfte, fing er an, über Hertha zu bloggen. Seitdem stehen Taktik, Analyse und Startaufstellung ebenso in seinem Fokus wie die sozialen Themen rund um den Verein. Benjamin Moser hat bereits eine Liebeserklärung an ALBA Berlin verfasst. In seinem zweiten Werk widmet er sich dem Verein, den er zwar erst auf den zweiten Blick schätzen lernte, aber jetzt umso mehr liebt: Hertha BSC.

Bildnachweis:

Nicola Sernow: S. 61, Marco Bertram: S. 122/123,
alle anderen Bilder: der Autor.

ISBN: 978-3-7308-1970-8
Die Deutsche Nationalbibliothek verzeichnet diese Publikation in der Deutschen Nationalbibliografie; detaillierte bibliografische Daten sind im Internet über http://dnb.d-nb.de abrufbar.

Verlag:
CULTURCON medien
Inh. Bernd Oeljeschläger
Melanchthonstraße 13, 10557 Berlin
Telefon 030 / 3439 8440
www.culturcon.de
Redaktion und Lektorat: Anne Hahn
Gestaltung und Satz: Kathrin Strahl, Berlin
Coverentwicklung: Marcus Gruber, Berlin
Druck: Florian Isensee Gmbh, Oldenburg

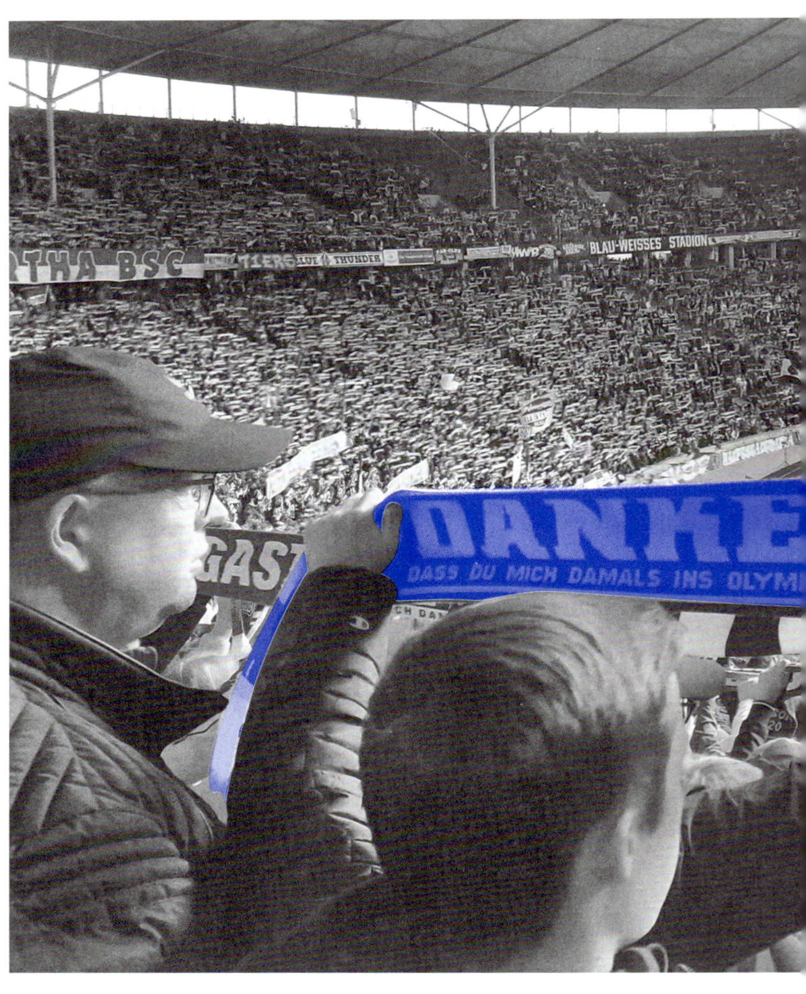

BLAU-WEISSES STADION
THUNDER
DANKE
DASS DU MICH DAMALS INS OLYM

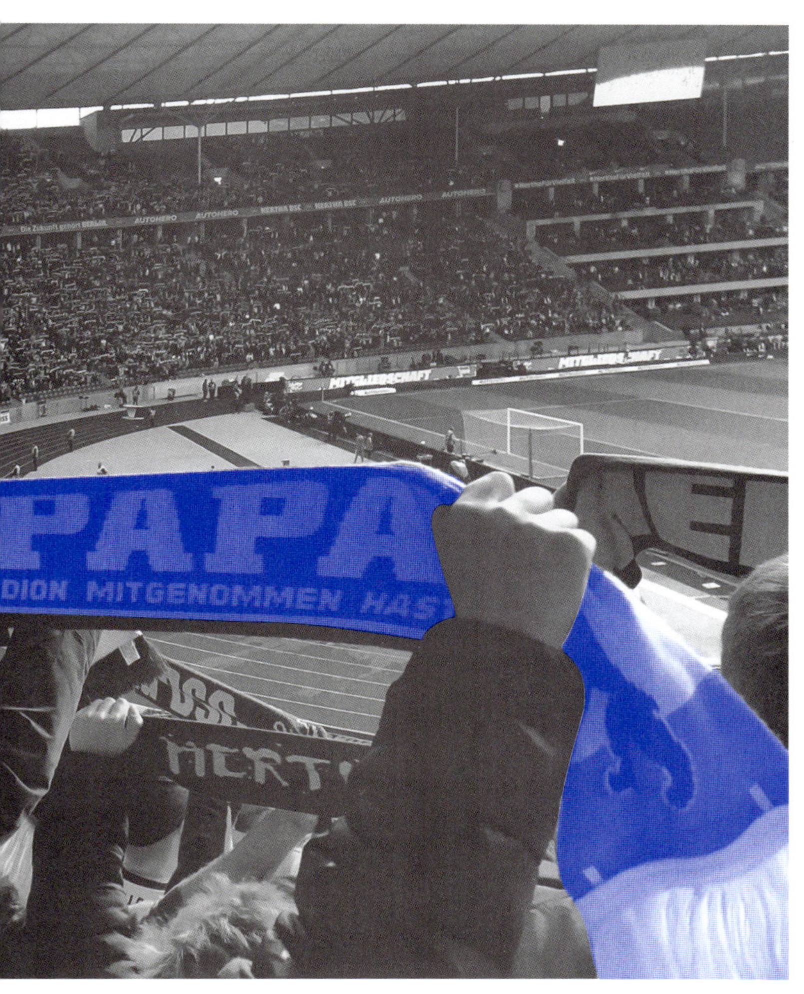
PAPA
MITGENOMMEN

Danke Papa

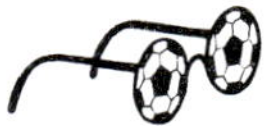

Wenn im Berliner Olympiastadion Frank Zanders Stimme erklingt und er ins große Rund fragt, was es Schöneres gibt, als hier im Stadion unserer Herthamannschaft die Däumchen zu drücken und sie von den Rängen zu unterstützen auf dem Weg nach oben, weiß ein jeder, es ist so weit, die Mannschaften laufen ein und es ist Zeit, sich von seinem Sitzplatz zu erheben und den blau-weißen Schal von den Schultern zu nehmen, um diesen in die Höhe zu halten. Es ist der Moment, in dem die Fans den kalt wirkenden Natursteinbau mit seinen grauen Plastiksitzschalen durch ihre empor gehaltenen Schals und die geschwenkten Fahnen blau-weiß einfärben und wir aus voller Kehle unser Lied singen.

Unter den tausenden hochgehaltenen Herthaschals mit all ihren verschiedenen Claims, ob sie an alte Zeiten als Deutscher Meister, das Idol Harald Juhnke oder längst vergangene Europapokalnächte erinnern, sticht für mich stets ein Schal hinaus. Wann immer ich diesen erblicke, ist ihm meine Aufmerksamkeit gewiss und ich schaue etwas genauer hin, wer ihn hochhält. Es ist ein Herthaschal, den ich niemals nachmittags um halb vier gemeinsam mit meinem Vater über den Kopf hochhalten werde, denn der Wortlaut „Danke Papa, dass Du mich damals ins Olympiastadion mitgenommen hast“, passt nicht zu uns.

Mein Weg zu Hertha BSC war ein anderer und trotzdem war es mein Vater, der mir die Tür zu dieser wunderbaren Welt namens Fußball öffnete.

So gerne ich über den fußballromantisch verklärten ersten Besuch bei der *Alten Dame* mit Vater oder Großvater an der Hand schreiben wollte, ich muss euch enttäuschen, dieser fand nicht statt, jedenfalls nicht bei Hertha. Einerseits habe ich keinen Großvater, der *Hanne* Sobek spielen sah und seinem Enkel vom Gewinn der Viktoria vorschwärmte, noch saß mein Vater im Stadion, als *Ete* Beer Treffer um Treffer erzielte und Hertha BSC vor dem Einzug ins UEFA-Cup-Finale stand. Statt Hertha BSC die Daumen zu drücken, schielte mein Vater, nachdem er von der Mainzer Universität an die FU Berlin gewechselt war, weiterhin in die Region, in der er aufgewachsen war. Mit dem großem 1. FC Kaiserslautern, dem Lokalverein Eintracht Trier und einer Schwärmerei für die Fohlenelf aus Gladbach war sein Bedarf an Fußballvereinen mehr als gedeckt.

Und Hertha? Über so manchen Spieler oder Betreuer konnte er Anekdoten aus persönlicher Begegnung erzählen, die Aktiven waren ihm in anderer Rolle vertraut – dem stillen Zuhörer wurde in den Thermen an der Heerstraße bei 110 Grad nach Aufguss in der Sauna viel geboten. Die Saunalandschaft war montags fest in der Hand der Fußballer, was zu Hause als Begründung herhielt, warum mein Vater stets Donnerstag zu saunieren pflegte. Das Sportlergeschwätz über Geld, Autos und Weiber, mir als ehemalig ambitioniertem Leistungssportler gut bekannt, war ihm nach einem langen Tag im Büro im Laufe der Zeit zu viel geworden und so schwitzte er, soweit ich zurückdenken kann, lieber donnerstags. Auch auf dieser Ebene wusste Hertha nicht zu begeistern, im Gegenteil.

Seit ich sechs Jahre alt war, nahm er mich dennoch regelmäßig mit ins Olympiastadion und spendierte mir immer eine Bratwurst von einer der zahlreichen Buden vor dem Stadion, die mit den Jahren unpopulärerweise festen Kiosken weichen musste. Diese Budengasse, dieser kleine Jahrmarkt vor den Toren des Olympiastadions übte auf mich und andere Kinder eine riesige Faszination aus. Von Aufnähern bis Schals verschiedenster Vereine gab es immer was zu entdecken, unter anderem auch bei Pepes Stand. *Pepe* Marger war wieder eine dieser Persönlichkeiten rund um Hertha BSC, die mein Vater kritisch beäugte und so hieß es auf Höhe von Pepes Stand schnell: „schau mal da!" und wir standen nach unauffälliger elterlicher Lenkung einen Stand weiter. All dies geschah aber nicht etwa bei Heimspielen von Hertha BSC, sondern unser Verein hieß Blau-Weiß 90, ein Kompromiss sozusagen.

Blau-Weiß 90

Die Farben, das Logo, die Gründungsdaten – alles ist auf den ersten Blick beinahe identisch, aber zwischen Blau-Weiß 90, dem neureichen Emporkömmling aus Mariendorf, der sich anschickte, die Alte Dame aus dem Herzen der Berliner zu verdrängen, und Hertha BSC lagen Welten. Auf der einen Seite waren die Fans „heiß auf Blau-Weiß" und in der Stadt galt der Verein als der familienfreundlichere, während ein Stadionbesuch bei Hertha BSC in den Achtzigerjahren zum Sicherheitsrisiko hochstilisiert wurde. So hatten wir, wenn die Mariendorfer spielten, irgendwo im Oberring Karten für Plätze auf den alten durchgängigen braunen Holzbänken ohne Rückenlehne mit weiß aufgepinselten Zahlen, obwohl quasi freie Platzwahl bestand. Spätestens wenn es regnete, rückte man unter dem transparenten Dach, das die Gegengerade und die Haupttribüne vor Regen schützte, zusammen. Zwischen Meckerrentnern, die den damals noch erlaubten Rückpass zum Torwart vehement einforderten, sobald auch nur im Ansatz – veraltet gesagt – „Forechecking" betrieben wurde, und auch sonst alles besser wussten als die Akteure auf dem Rasen, verfolgten wir Partien der Zweiten Bundesliga. Wir schmunzelten, wenn sich jemand in Rage redete. Bei einem Tor von Blau-Weiß 90 warf ich Konfetti, was ich in feinsäuberlicher Kleinstarbeit zu Hause aus alten Zeitungen geschnippelt hatte oder drückte kräftig auf die rote Luftdruck-Fanfare, die mir Papa gekauft hatte.

Im Sommer verbrachten wir die Samstage mit der Familie entweder im Olympischen Bad und lauschten der Geräuschkulisse, wenn Hertha nebenan spielte, oder saßen bei Blau-Weiß am darauffolgenden Samstag selbst auf der Tribüne, während die Herthaner ihrerseits im Schwimmbad plantschten. Selbst im Urlaub konnten wir uns der Faszination Fußball nicht entziehen. Wenn irgendwo der Ball rollte, standen wir beiden Experten an der Bande, ob bei der U-21-Nationalmannschaft in meiner zweiten Heimat Trier oder beim Ostseeurlaub beim SC Kellenhusen. Wenn der Winter in Berlin Einzug hielt, erklärten Papa und ich uns selbst für verrückt, durch den Schnee ins Olympiastadion zu stampfen, um bei eisiger Kälte den roten Ball zu verfolgen, der eingesetzt wurde, wenn das Feld mal wieder schneebedeckt war, weil es noch keine Rasenheizung gab. Lediglich die Linien wurden behelfsmäßig freigeschippt. Spätestens mit der untergehenden Sonne im windigen Olympiastadion waren mir die Finger eingefroren, danach ging es zum Aufwärmen in die Wiener Konditorei am Steubenplatz und bei heißer Schokolade und Kuchen fachsimpelten wir über das zurückliegende Spiel und wie wir heldenhaft der Kälte getrotzt hatten.

Im Gegensatz zu uns Fußballexperten hielt sich das allgemeine Interesse der Berliner an Blau-Weiß 90 und Hertha BSC, als ich mit Fußball sozialisiert wurde, vornehm in Grenzen, was sich meist in leeren Rängen im riesigen Olympiastadion widerspiegelte. Die deutlich sichtbaren braunen Bänke im Olympiastadion auf nahezu jedem Foto aus dieser Zeit sind Zeugnis des in den Achtzigerjahren verwaisten Berliner Fußballs.

DFB-Pokalfinale

Im völligen Kontrast zu dieser romantischen Fußballkulisse, die andere als Tristesse bezeichnen würden, fielen nach jeder weiteren Saison drögen Berliner Fußballs im Olympiastadion Tausende von Zuschauern für das DFB-Pokalfinale ein. Einmal im Jahr waren der große, der echte Fußball und die Stars, die ich nur aus dem Fernsehen kannte, zu Gast. Jahr für Jahr machten auch mein Vater und ich uns mit der U-Bahn am Tag des Finales in Richtung Olympiastadion auf. So standen mein Vater, der mich mit seinen 176 Zentimetern noch überragte, und ich zusammen am Bahngleis, wenn sich die U1 ihren Weg vom Schlesischem Tor in Richtung Olympiastadion durch die Stadt geschlängelt hatte und am U-Bahnhof Kaiserdamm Halt machte. Aus dem Tunnel drang ein dumpfes Rattern in Richtung Bahnsteig, wenn sich die U-Bahn näherte, bevor die Lichter zu sehen waren und der Fahrtwind über den Bahnsteig hinwegfegte. In die üblichen Geräusche der U-Bahneinfahrt mischte sich an diesem einen Tag im Jahr der Gesang, das Gegröle und Geraune von Hunderten Fußballfans in der völlig überfüllten Bahn. Die U1, die an fünfzehn Stationen zuvor mit all der Euphorie, den Hoffnungen und der Vorfreude von Fans bestiegen worden war, mit der Anhänger einem Finale begegnen, fungierte als einziger Zubringer zum Olympiastadion und diente als Stimmungsbarometer vor dem Spiel. An Station sechzehn von neunzehn öffneten sich auch für uns die Türen der U-Bahn und wir drängelten uns mit hinein in den Zug der Abenteuer. Mit großen Augen beobachtete ich alles, soweit das in dem Gedränge ging. Mich faszinierten diese Menschenmassen, die aus Anhängern in Jeanskutten mit Fischerhut oder in Fanfarben bedruckter Schiebermütze bestanden, die großen Fahnen, die fremd anmutenden Dialekte und natürlich die aus voller Kehle gesungenen Lieder im Waggon. Ganz besonders war der Moment, wenn die U-Bahn zwei Stationen weiter hinter dem U-Bahnhof Neu-Westend den Tunnel verließ, die Sonne wieder durch die Scheiben schien

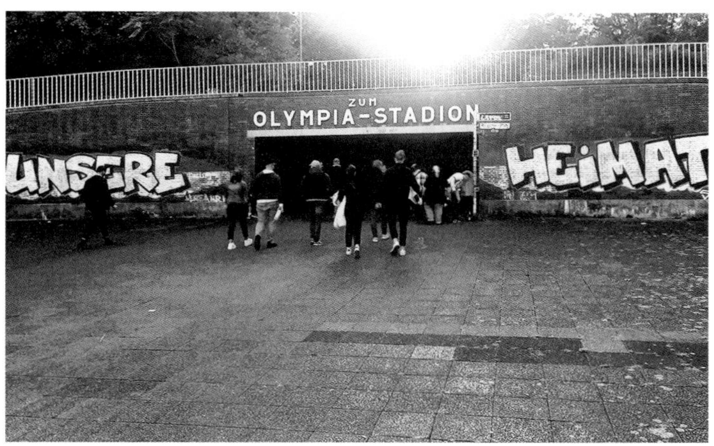

und sich die Augen der Anhänger weiteten, die Lieder wahlweise lauter wurden oder einige Fans andächtig auf das Schild am Bahnsteig starrten. U-Bahnhof Olympiastadion! Der Moment der Realisation: Es ist wahr, wir können heute Pokalsieger werden.

Wenn sich dann die Türen öffneten, wurde aus Fans, die zuvor an achtzehn verschiedenen Stationen ihre Reise allein oder in der Gruppe begonnen hatten, ein großer farbenfroher, fahnenschwenkender Chor, der an mancher Stelle nach Bier oder Schweiß roch und am U-Bahnhof Olympiastadion so schnell die siebenundzwanzig Stufen hinauf verschwand, wie er zuvor aufgetaucht war. Zügig war Platz für die nächsten Bahn voller Fans, die sich seit Wochen auf dieses Spiel freuten.

All dies beobachtete ich neugierig, aber auch nervös, weil wir stets ohne Karten für das Spiel anreisten und Jahr für Jahr die Möglichkeit bestand, dass das Pokalfinale ohne uns angepfiffen würde. Wie jedes Jahr verhandelte mein Vater vor dem Stadion mit mehr oder weniger zwielichtigen Gestalten um zwei Tickets für das große Spiel und ich stand stets an seiner Seite und dachte mir, egal welcher Preis für welchen Platz auch aufgerufen wurde, sag bitte ja! Er hingegen winkte ab. Nachdem er zwei oder drei Verhandlungen abgebrochen hatte, weil der verlangte Preis zu hoch war, gar „unverschämt!“, wie er zu Protokoll gab, und mich die Hoffnung so langsam verließ, kaufte er die Karten beim vierten Verkäufer mit schmerzverzerrtem Gesicht dann doch zum Höchstpreis. Papa schüttelte den Kopf nahm sich vor, einfach im nächsten Jahr am Vorverkauf teilzunehmen und ich strahlte übers ganze Gesicht. Pokalfinale!

Es sind die Erlebnisse rund um diese Spiele, über die wir heute noch sprechen. Lange bevor es Twitter gab, pöbelte ich als Kind, man stelle sich das vor, offline, Eintracht-Fans an, denn für einen Tag war ich Bochumer – mit Klinsmann und dem VfB weinte ich auf der Tribüne nach einer herben Niederlage gegen den FC Bayern und mit Dortmunds Fans ließ ich die aufgeblasene Chiquita-Banane kreisen.

Ich war im Stadion, als der HSV seinen letzten Titel gewann, und ich stand in der Kurve hinter dem Tor, als Jörg Sievers mit zwei gehaltenen Elfmetern zur Torwartlegende aufstieg. Weit nach Abpfiff, als die Sonne langsam unterging, das Flutlicht zu leuchten begann und die Ehrentribüne von den letzten Sonnenstrahlen geküsst wurde stiegen Sieger und Besiegte die Treppen hinauf und der Moment war gekommen, als der Kapitän des Siegers den Pokal unter Jubel der Fans in die Höhe hielt, ganz ohne Konfettikanone und extra Bühne am Spielfeldrand und trotzdem perfekt. Momente, wie ich sie mit Hertha BSC eines Tages auch erleben möchte. Unsere Ostkurve an einem Tag im Mai in blau–weißer Hand und nach 90 Minuten bekommt unser Kapitän den Pokal überreicht und wir Fans liegen uns in den Armen, während das goldene Konfetti in den Berliner Nachthimmel geschossen wird. Die Wahrzeichen der Stadt erleuchten für diese eine Nacht in blau–weißen Farben und über dem Olympiastadion, an der Siegessäule und am Brandenburger Tor steigen die Feuerwerkskörper in den Himmel. Ich muss mich wohl damit abfinden, dass es ein Traum bleiben wird, nach einem Titelgewinn von Hertha BSC bis in die Morgenstunden auf dem Ku'damm zu feiern, so sehr ich mir das auch wünschen mag.

Fußballabstinenz

Das eine Mal in all den Jahren, als der BSC tatsächlich mal eine Hand am Pokal hatte, war meine Gefühlslage noch komplett anders. Als Hertha BSC sich 1993 aufmachte, den DFB-Pokal im eigenen Stadion zu gewinnen, fand unsere Tradition, das Pokalfinale zu besuchen, stillschweigend ein Ende. Schleichend hatte ich das Interesse am Fußball verloren. Die Schwärmerei für den VfB Stuttgart im fernen Neckarstadion oder Borussia Dortmund, die sich meine Sympathien mit den legendären Neon-Trikots von Nike ergaunert hatten, waren verflogen. Nach der EM 1992 und dem enttäuschenden Finale war sie auf einmal weg, die Faszination für den Fußball. Ich realisierte, dass Dortmund sehr weit weg ist und mich das Revierderby emotional mehr als kalt lies. Das war nicht meine Schlacht, die dort geschlagen wurde und Gelsenkirchen interessierte mich nicht. Übertragungen der Ruhrpott-Truppe mit Vokohila in R'activ-Trikots, am besten noch aus dem Parkstadion, nahmen mir den Spaß an jedem Spiel, ohne, dass ich das rational erklären konnte. Trotz des gesunkenen Interesses saß ich Runde für Runde in meinem Kinderzimmer am Radio, als die Hertha-Bubis Sensation um Sensation im Pokal fabrizierten. Ich war mittlerweile dreizehn Jahre alt und stand längst selbst auf dem Feld, anders als ursprünglich geplant, allerdings nicht für den BSC auf dem Hubertusplatz, sondern auf dem Basketballfeld für City Basket und ich vergötterte nicht mehr Völler und Klinsmann, Chapuisat oder Zorc, sondern einzig und allein den Greatest of All Time, Michael Jordan.

Zu diesem Zeitpunkt hatte ich lediglich ein Spiel mit Herthabeteiligung besucht. Es war eine Partie, die im Berlin der Achtzigerjahre die Massen elektrisierte. Hertha BSC gegen Blau-Weiß 90, das Derby als Showdown um die Vorherrschaft des Berliner Fußballs im Olympiastadion. Der Sender Freies Berlin überschlug sich mit der Berichterstattung im Vorfeld des Spiels und die Ansetzung versprühte eine ähnliche Magie wie das alljährliche DFB-Pokalfinale, wenn die Vereine mit großer Anhängerschaft im baufälligen Olympiastadion ein Fußballfest veranstalteten. Der Berliner, dafür bekannt, eine Meinung zu allem und jedem zu haben, musste sich bekennen. Hertha BSC oder Blau-Weiß 90, für wen schlägt das Herz, wer macht an diesem 8. April 1989 das Rennen?

Die Brisanz des Spiels am 27. Spieltag der Zweiten Bundesliga bestand aus dem Umstand, dass Blau-Weiß 90 die Hinrunde der Saison 1988/89 als Tabellenerster beendete und im Hinspiel zum ersten Mal überhaupt Hertha BSC in einem Pflichtspiel besiegen konnte.

HERTHA BSC AMATEURE

1993

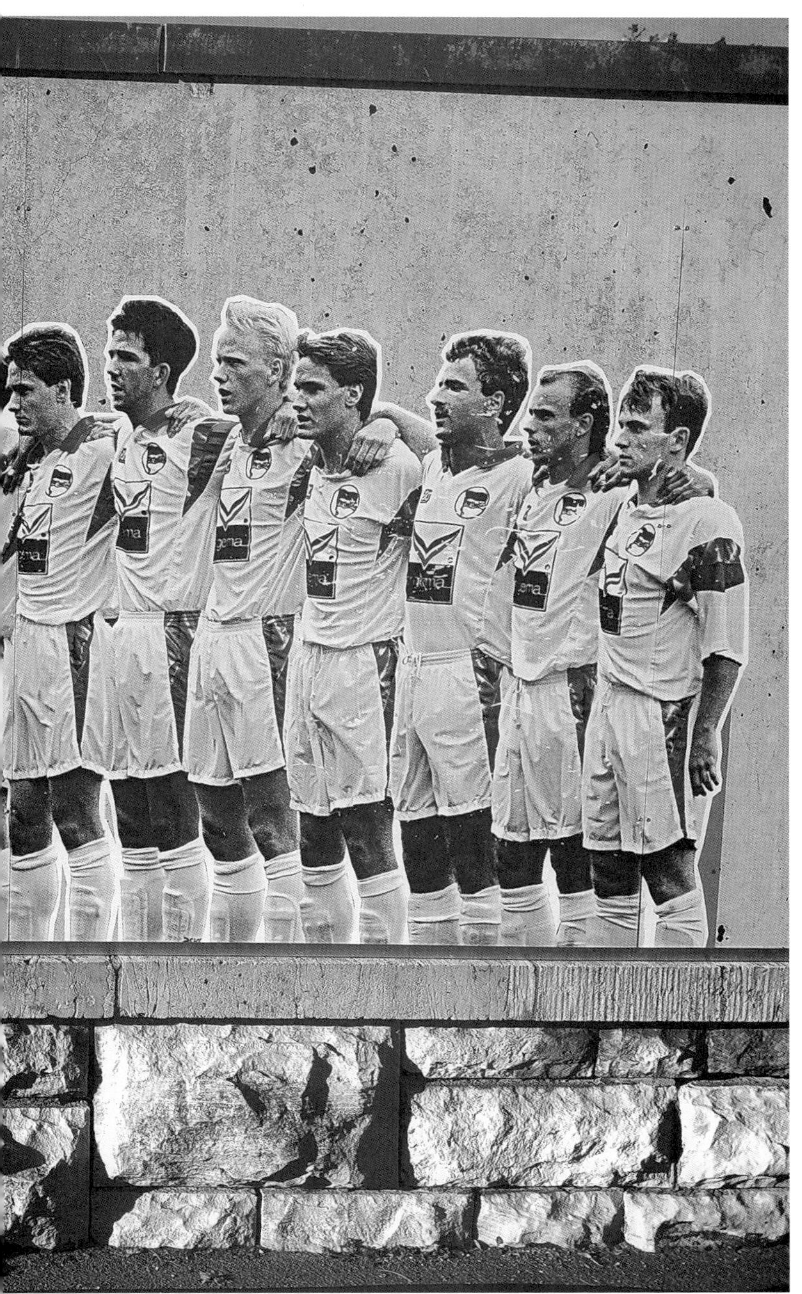

Beim Rückspiel musste ich dabei sein und ich schaffte es tatsächlich, meinen Vater so zu beknien, dass er mit mir zu einem Hertha-Spiel ging. Vermutlich aber auch nur, weil es offiziell ein Heimspiel von Blau-Weiß 90 war.

Es herrschte Derbystimmung im Berliner Olympiastadion und ganze 32.050 Zuschauer waren gekommen, um den Berliner Gipfel zu sehen. Blau-Weiß 90 ließ sich beim Rahmenprogramm nicht lumpen. Um dem Event-Charakter gerecht zu werden, wurde der Spielball mit einem Hubschrauber, der direkt im Mittelkreis landete, geliefert. Das Spiel selbst konnte den hohen Erwartungen allerdings nicht gerecht werden und war ein eher maues 1:1-Unentschieden. Der Besuch hatte sich aber trotzdem gelohnt, denn ich konnte die dunkle Seite der Macht im Olympiastadion das erste Mal live beäugen. So nahe war ich Hertha-Fans nur beim alljährlichen Budenzauber in der Deutschlandhalle gekommen. Ich war beeindruckt, dass mehr Leute, als ich gedacht hatte, Hertha BSC die Daumen drückten. Mein Vater hingegen fühlte sich bestätigt, als aus dem Block der Herthaner *Republikaner*-Sprechchöre kamen, dass er bei der Erziehung mit seiner Konsequenz, Hertha fern zu bleiben, alles richtig gemacht hatte.

Vier Jahre und einen Hertha Auf- und Abstieg später stand ein Besuch des Pokalfinales mit der Beteiligung von Hertha BSC gar nicht zur Diskussion. Mein Fußballinteresse war auf einem historischen Tiefpunkt angekommen und mein Vater konnte auf Hertha BSC natürlich, wie schon in seinen letzten zwanzig Berlin-Jahren, ohne mit der Wimper zu zucken verzichten. Immer öfter war zu Hause statt von Fußball von Proleten und Proletensport die Rede, bei meinem Vater schwand das Interesse genauso wie bei mir.

Es war das erste Mal seit Jahren, dass der Schiedsrichter zu einem Finale anpfiff und meine Eltern zu Hause ohne mich vor dem Fernseher saßen. Normalerweise hatte sich, wenn Fußball im Fernsehen übertragen wurde, ob Nationalmannschaft, DFB-Pokal oder irgendein Bayern-Spiel, die Familie vor dem Fernseher versammelt. Doch bei Herthas größtem Spiel seit Jahren war dies nicht der Fall. Ich war irgendwo draußen mit meinen Freunden, als der Ball rollte. Vielleicht zockten wir aber auch Another World am PC oder NBA Jam auf dem Super Nintendo. Jedenfalls war mir als Dreizehnjährigem zum ersten Mal irgendwas wichtiger als ein Pokalfinale.

Heute bereue ich es, dass wir 1993 bei diesem legendären Spiel nicht gemeinsam im Stadion saßen oder den Hertha Bubis zumindest am TV die Daumen gedrückt haben. Es ist ein dunkler Fleck in meiner Herthabiografie, den ich nicht auswaschen kann. Die Bilder der Bubis bei der Nationalhymne und der Kopfball von Ulf Kirsten zum 1:0 sind mir jedenfalls bis heute fremd.

Späte Liebe Hertha

1997 gewann das Spiel auf dem grünen Rasen doch noch mein Herz zurück. Aber mein Vater und ich konnten die Zeit nicht zurückdrehen, Fußball war nicht mehr unsere gemeinsame Geschichte. Fußball war ab jetzt meine Geschichte, meine Emanzipation gegenüber dem Elternhaus und mein Weg ins Erwachsendasein. Die spät gereifte Liebe zu Hertha BSC konnte ich nicht mit meinem Vater teilen. Manchmal kam er mir zuliebe zu Heimspielen von Hertha BSC mit ins Olympiastadion, obwohl ihm Vereinsheimerei und Fangehabe und besonders die Begeisterung für Hertha BSC, wie ich sie seit geraumer Zeit lebe, komplett fremd sind. Trotzdem waren es stets die Ausflüge ins Olympiastadion, wo wir so sehr Vater und Sohn waren und gemeinsam über die gleichen Dinge lachten, wie an keinem anderen Ort. Mein Vater war der Schlüssel in diese wunderbare, manchmal skurrile Welt, die mich in jungen Jahren so begeisterte und mich auch heute noch fasziniert. Auch wenn es keinen Verein wie Blau-Weiß 90 mehr gibt, auf den wir uns einigen können. Ich bin ihm unendlich dankbar dafür, mir die Welt des Fußballs gezeigt zu haben.

Danke Papa!

The Beginning

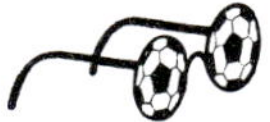

Ich musste also meinen eigenen Weg finden zu Hertha BSC, oder ist es nicht vielmehr so, dass der Verein mich gefunden hat? Zugegebenermaßen war das Timing zwischen Hertha und mir, sagen wir es, wie es ist, schlecht. Mit Fug und Recht kann ich behaupten: „Ein Großteil der Hertha-Fans hat sich mit der Dunkelheit des Abstiegskampfes arrangiert; ich wurde darin geboren, von ihm geformt." (frei nach „The Dark Knight Rises")

Aus der besagten Dunkelheit der Saison 1979/80, als Hertha BSC mit 23 Punkten hoffnungslos auf Tabellenplatz 17 steht, meldet sich Klaus Rocca aus dem Olympiastadion per Telefon. Unter der Überschrift „Hertha lässt die Optimisten noch hoffen" (27. April 1980) vermeidet es der Tagesspiegel am Sonntag, trotz eines 3:0-Heimsieges gegen Bayer 05 Uerdingen dem blau-weißen Anhang noch Hoffnung auf den Klassenerhalt zu machen. Zu Zahlenakrobatik und dem berühmten Strohhalm, an den sich im Fußball oft geklammert wird, hat Rocca nach dem 30. Spieltag eine klare Meinung: „Schenken wir uns derartige Spielereien, freuen wir uns, dass Hertha im Gespräch bleibt. Mehr können die Blau-Weißen nicht mehr tun."

Einen Tag, nachdem sich ganze 11.084 Zuschauer ins Berliner Olympiastadion verirrt haben, komme ich in Berlin Steglitz zur Welt, vier Spieltage vor Ende der Bundesligasaison 1979/80. In einer Saison, in der der Hamburger SV mit Bayern München um den Titel ringt, darf sich Hertha keine Ausrutscher mehr leisten, um den Klassenerhalt zu schaffen. Auch nicht in München. Glücklicherweise muss Hertha BSC nicht bei den Bayern, die um den Titel spielen, sondern bei den Sechzigern antreten, trotzdem rechnet niemand mit einem Auswärtserfolg bei den Löwen. Bei Hertha BSC ist auch schon im Jahr 1980, wie kann es anders sein, die Kasse leer und Toptorschütze Ete Beer, Verteidiger *Hanne* Weiner und Torwart Norbert Nigbur sowie Stürmer Karl-Heinz Granitza haben den Verein verlassen, obwohl Hertha fast auf den Tag genau ein Jahr zuvor im Halbfinale des UEFA-Cups gestanden und das DFB-Pokalfinale erreicht hatte.

Beim Abstiegskrimi in München bleibt Hertha am 31. Spieltag zur großen Überraschung für krisengebeutelte Herthaner nach dem 3:0 zu Hause gegen Abstiegskonkurrent Uerdingen erneut ohne Gegentor, Ole Rasmussen erzielt bereits nach achtzehn

Minuten den Siegtreffer in der Fremde. Nach dem 31. Spieltag fehlen Hertha somit nur noch zwei Punkte und fünf Tore auf den sicheren Platz fünfzehn, auf dem Bayer 05 Uerdingen steht. Eine neue Hoffnung, auch nach der damaligen Zwei-Punkte-Regelung!

Eine kleine Pflanze der Hoffnung, die nach dem 32. Spieltag beim Heimspiel gegen Borussia Dortmund im Olympiastadion vor nun wieder 42.116 Zuschauern gegen den Tabellensechsten Borussia Dortmund weiter begossen wird. Bereits zur Halbzeit gibt es stehende Ovationen vor einer vermeintlichen „Länderspielkulisse", wie der Tagesspiegel berichtet und Hertha führt durch Tore von Schlumberger, Remark und Agerbeck nach 50 Minuten mit 3:0. Zeitgleich führt der 1. FC Kaiserlautern auf dem Betzenberg schon mit 2:0 gegen den Tabellenfünfzehnten aus Uerdingen. Der Klassenerhalt liegt nach dem Treffer zum 3:0 zum Greifen nah. Nur noch ein Treffer in Berlin oder in Kaiserslautern auf der richtigen Seite und Hertha stünde plötzlich wieder über dem Strich. Doch zu früh gefreut! Das „willige Schlachtopfer" aus Dortmund findet ins Spiel zurück und erzielt noch zwei Treffer, am Ende muss Hertha noch um den Sieg bangen. Originalzitat aus dem Tagesspiegel: „Nun wankte Hertha wie ein Halm im Winde, doch mit Glück und Geschick rettete man sich über die Zeit." Für BVB-Trainer Udo Lattek kam der Endspurt zu spät, der Sieg gehe in Ordnung und er traue der Hertha zu, dass sie den Abstieg noch vermeidet.

Das Spiel hat Hertha zwar gewonnen, aber auch zwei weitere Treffer des 1. FC Kaiserslautern zum 4:0 reichen nicht für den herbeigesehnten Sprung auf Tabellenplatz fünfzehn. Mit gleicher Tordifferenz und gleicher Punkteausbeute verbleibt Hertha vorerst auf Tabellenplatz sechszehn, mit einem Auswärtsspiel bei Fortuna Düsseldorf vor der Brust.

Eine Woche später weicht der kurze eitle Sonnenschein über Hertha BSC und die Hoffnung rund um den Verein wieder der altbekannten Dunkelheit der Saison 1979/80. Ein abgefälschter Schuss leitet nach 33 Minuten die Katastrophe für Hertha BSC ein, die mit einem Doppelschlag in den Schlussminuten in einer 0:4-Auswärtspleite gipfelt. Die Herthaner haben allen Grund, den Kopf hängen zu lassen, denn die unmittelbaren Konkurrenten im Kampf um den Klassenerhalt aus München und Uerdingen gewinnen ihre Heimspiele mit jeweils 3:2. Mittlerweile hoffen bei Hertha BSC wohl nicht mal mehr die Optimisten. Zwei Punkte und sechs Tore gilt es auf Bayer 05 Uerdingen am letzten Spieltag aufzuholen, um den Abstieg in die Zweite Bundesliga noch abzuwenden. Nur einer hofft in Berlin noch auf den Klassenerhalt: Wolfgang Holst. Der Präsident beschwört noch einmal Spieler und Fans, dass man das Wunder schaffen würde und auch Kölns Präsident ringt Holst das Versprechen ab, dass die Domstädter gegen die Bayer-Betriebsmannschaft mit „vollem Dampf“ spielen werden.

Am 31. Mai 1980 ist es so weit. Im Berliner Olympiastadion steigt das Endspiel um den Klassenerhalt vor 51.193 Zuschauern. Damit wollen 30.000 Zuschauer mehr als im Durchschnitt der Saison 1979/80 das Saisonfinale verfolgen – Hertha enttäuscht seine Anhänger nicht. Die Alte Dame gewinnt auch das vierte Heimspiel in Folge, aber das 4:2 gegen den VfB Stuttgart reicht trotz einer 0:1-Niederlage von Bayer 05 Uerdingen in Köln nicht. Es fehlen am Ende drei Tore für den Klassenerhalt und Hertha steigt punktgleich mit Bayer Uerdingen mit umgerechnet 40 Punkten in die Zweite Bundesliga ab. Statt zu pfeifen, zu buhen oder die Mannschaft zum Teufel zu jagen, honorieren die Zuschauer die Aufholjagd der Berliner, die sechs der letzten acht Partien gewonnen haben und mit einer neu zusammengestellten Mannschaft unter *Fiffi* Kronsbein vom Tabellenletzten der Hinrunde noch knapp am Klassenerhalt vorbeischrammten. Die Mannschaft von 1980 gilt somit als bester Absteiger aller Zeiten. Auch nach Einführung der Drei-Punkte-Regel kratzte nur der Karlsruher SC mit 38 Punkten als Absteiger in der Saison 1997/1998 an dieser Marke.

Spuk im Westend

Hertha war also abgestiegen, bevor mein Leben so richtig Fahrt aufgenommen hatte, und als meine bewusste Erinnerung einsetzte, zu einem Geist verkommen, der durch das heimatliche Westend spukte. In den ersten Jahren meiner Fußballsozialisation war längst ein Zweikampf um die Gunst der Berliner ausgebrochen. Hertha BSC oder Blau-Weiß 90 oder, und das war die häufigste Antwort auf dem Schulhof der Alt-Schmargendorf-Grundschule, keins von Beiden. Obwohl wir auf dem Hof auf Schotter dem Leder nachjagten, war das Interesse an lokalen Mannschaften quasi nicht existent. Mein Interesse für die Bundesliga und den DFB-Pokal stach in der Klasse, die sich von He-Man, Ghosbusters bis Vanilla Ice für einiges interessierte, außer eben für Fußball, heraus.

Zu Hause war das anders. Schon die WM 1982 in Spanien begeisterte mich im Alter von zwei Jahren so sehr, dass ich Kommentator Rudi Michel mit *Paulo Rossi – Tor!*-Rufen assistierte. Die nächste WM 1986 in Mexiko ist die erste Weltmeisterschaft, an die ich mich bewusst erinnern kann, auch an die Tränen nach dem verlorenen Finale. In der Nacht der Revanche bei der WM 1990 in Italien rannte ich vor Freude jubelnd auf die Straße wie die Großen und die Autos rauschten hupend den Kaiserdamm hinunter in Richtung Kurfürstendamm. Weltmeister!

Tagsüber auf dem Bolzplatz hatte ich mir zu dieser Zeit im Lietzensee Park längst einen Namen gemacht. Man nannte mich im Käfig *Totò* Schillaci, weil ich im Spiel mit den Großen zielsicher jeden Ball im Gittertor versenkte, genauso wie der italienische Stürmer bei der WM. Mit einem Hertha-Spieler verglich sich oder mich im Käfig an der Neuen Kantstraße allerdings keiner. Herthas Strahlkraft reichte vom Olympiastadion nicht bis auf den umzäunten Tartanplatz, obwohl der Bus, mit dem man in kürzester Zeit am Olympiagelände gewesen wäre, direkt die Treppen hinauf vor dem Uhrmacher hielt.

Auch in der Nachbarschaft gab sich niemand als Hertha-Fan oder Stadiongänger zu erkennen. Als das Olympiastadion noch nicht vollständig überdacht war, konnte man an der Reichsstraße oder am Steubenplatz manchmal entfernt Jubel hören vom Hertha-Gespenst, aber auch die Fans traf man meist nur in der U-Bahn. Wo diese Menschen eingestiegen waren, die zu Hertha ins Olympiastadion fuhren, war mir als Kind stets ein Rätsel. Die Hertha-Villa in der Reichsstraße war fast ein lost place und kein Ort der Fröhlichkeit oder der Zusammenkunft von Fans. Ich glaube, der einzige Hinweis auf Hertha BSC war eine ab und an schmucklos am Fahnenmast gehisste Herthafahne mit der Hertha-BSC-Diskokugel drauf, dem Hertha-Logo der Achtzigerjahre.

Verpasste Vereinigung

Dieser Zustand dauerte bis zu meinem 17. Lebensjahr an. Hertha war zwar zwei Mal auf–, aber eben auch zwei Mal direkt wieder abgestiegen. Die Wiedervereinigung Deutschlands und die des deutschen Fußballs hat Hertha BSC gründlich verschlafen. Der Verein setzte als Aufsteiger der Saison 1989/90 lieber auf die eigenen Spieler, anstatt die wechselwilligen Oberliga- und DDR-Nationalspieler aus den Ostvereinen, die zum Großteil bereits in der Stadt ansässig waren, zum perfekten Zeitpunkt im Jahr 1990 (nach dem Gewinn der Weltmeisterschaft) in den Spielbetrieb zu integrieren. Der Weg für einen Verein, der für das gesamte, wiedervereinigte Berlin steht, wäre frei gewesen. Hertha verpasste die historische Chance und unterlag somit einen Irrtum, der bis heute nachwirkt und in interessierten Kreisen als bewusste Entscheidung verstanden wurde – eben kein Verein für ganz Berlin sein zu wollen. Die Bundesligasaison Saison 1990/91 steht exemplarisch für dieses Versäumnis. Mit lediglich umgerechnet 17 Punkten und insgesamt 84 Gegentoren stieg der BSC sang- und klanglos ab. Vier Trainer versuchten den Dampfer ans rettende Ufer zu leiten, aber weder der Aufstiegstrainer Werner Fuchs noch der ehemalige Bayern Trainer Pál Csernai konnten Herthas Untergang verhindern, wobei das Wirken der Beiden aufgrund des noch viel erfolgloseren Peter Neururer fast in Vergessenheit geraten ist. Bilanz nach zwölf Spielen Neururer: zwei Unentschieden und zehn Niederlagen. Nach knapp zweieinhalb Monaten war das Kapitel Hertha BSC für Neururer schon wieder beendet und Karsten Heine übernahm den undankbaren Posten. Mit dem Abstieg nach nur einer Saison trug sich Hertha zudem in die Geschichtsbücher ein. Nur zwei Mannschaften beendeten eine Bundesligasaison jemals mit einer schlechteren Bilanz: Tasmania Berlin erreichte in der Saison 1965/1966 zehn Punkte und der Wuppertaler SV in der Saison 1974/1975 vierzehn Punkte. Danach kommt schon der Herthajahrgang der Saison 1990/1991.

Wachgeküsst

Nach Jahren des nur kurz unterbrochenen Dornröschenschlafes der Achtziger- und Neunzigerjahre war Hertha BSC plötzlich Stadtgespräch in Berlin, ob in der Zeitung, in der Schule oder gar im Fernsehen. Der Verein, den ich als ewigen Zweitligisten im vor sich hinsiechenden Olympiastadion mit fragwürdigen Fans kennengelernt hatte, schaffte es, mit dem Geld der Ufa im Rücken eine Mannschaft zusammenzustellen, die in der Saison 1996/97 in der Tabelle Platz um Platz nach oben kletterte. Das endgültige Erweckungserlebnis für Fans meiner Generation, für in den Achtzigerjahren geborene blau-weiße Anhänger, war das Heimspiel gegen den 1. FC Kaiserslautern als Spitzenspiel der Zweiten Bundesliga. Es fesselte Menschen nicht nur vor dem Fernseher, sondern sorgte sogar für regen Andrang im Olympiastadion. Im Vorverkauf gingen 50.000 Karten über den Tresen, die vornehmlich in Filialen der Berliner Bank angeboten wurden. Die Szenen, die sich vor dem Osttor des Olympiastadions abspielten, als immer mehr Anhänger in blau und weiß gekleidet über den Olympischen Platz gen Stadion strömten, erinnerten an die Verfilmung von „Herr der Ringe“ als die Geisterarmee bei der „Rückkehr des Königs“ geweckt wurde: aus dem Nichts erschienen sie zahlreich und überrollten das Schlachtfeld. Hertha BSC, der so oft titulierte „schlafende Riese“ erwachte aus dem Koma und der Zuschauerstrom riss einfach nicht ab. Block für Block mussten panisch überhaupt erst die Tore geöffnet werden, bis endlich 75.000 Zuschauer im Stadion ihre Plätze einnahmen. Sehen konnten die Zuschauer später, wie Kapitän Axel Kruse erst links die Abwehrkette der Lauterer überlief, den Ball verarbeitete, den rausstürmenden Torwart zwanzig Meter vor dem Tor umkurvte und dann den Ball in Richtung Tor rollen ließ. Es wirkte wie eine verlangsamt vorgetragene Hommage an den Elfmeter von Andreas Brehme in Rom, als unter dem Getöse der 75.000 Fans der Ball langsam, aber stetig in kontrollierter Bahn flach durch den Strafraum in Richtung des leeren Tors rollte und auch der sich im Vollsprint befindliche Abwehrspieler der Roten Teufel die knapp zwanzig Meter Vorsprung des Balls nicht mehr aufholen konnte. Der Ball ging zum 1:0 unter unendlichem Jubel über die weiße Kreidemarkierung ins Tor und fand im leicht nachgebenden Tornetz seine Endstation. Das Tor versetzte Axel Kruse, Hertha, ganz Berlin in einen Freudentaumel.

Nach Wiederanpfiff des Spiels ging die Laola durch das prall gefüllte Olympiastadion und in Berlin herrschte eine Aufbruchsstimmung, die selbst via Fernseher spürbar wurde. Ich kann nicht mehr sagen, warum genau ich damals eingeschaltet hatte und ob ich überhaupt einen Hertha-Sieg sehen wollte, aber allein der Torjubel von Rückkehrer Axel Kruse im blauem Hertha-Trikot zeugte von genug Leidenschaft, um auch neutrale Zuschauer für Hertha BSC zu entzünden. Das Spiel am 7. April 1997 endete 2:0 und Hertha war nach dem 24. Spieltag der Zweiten Bundesliga spät in der Saison Tabellenführer.

Dieses Spiel ist ein Wendepunkt in der Erzählung des Vereins Hertha BSC. Knapp achtzehn Jahre nach dem unglücklichen Ausscheiden im UEFA-Cup-Halbfinale im Regen Berlins, dem verlorenem Pokalfinale und nachdem Hertha BSC für mehr als ein Jahrzehnt in Schockstarre verfallen und zu besagtem Geist geworden war – war der Bock umgestoßen und der BSC wieder auf dem Weg, ein etablierter Erstligist zu werden. In Unterhaching machte Hertha BSC am 31. Spieltag den Aufstieg nach Jahren der Zweitklassigkeit perfekt und blieb für dreizehn Jahre in der Bundesliga. Nach diesem Spiel im April 1997 spielte Hertha BSC nie wieder in zwei aufeinanderfolgenden Saisons in der Zweiten Bundesliga und ist mit 24 folgenden Bundesligasaisons längst wieder etablierter Bundesligist.

Neugierde – The Revolution will be televised

Der Verein, der bis dato ein Schattendasein im Olympiastadion fristete, bekam endlich ein Gesicht. Nach dem Aufstieg in die Bundesliga plakatierte der Pay-TV-Sender Premiere die Werbeflächen der Stadt mit Stürmer Axel Kruse und warb mit der Rückkehr des Vereins ins Oberhaus. In diesem Fall galt paradoxerweise „The Revolution will be televised".

Der dritte Versuch der Alten Dame, sich in der Bundesliga zu etablieren, wurde im Gegensatz zu den zwei vorherig gescheiterten

Versuchen direkt in unser Wohnzimmer übertragen. Hertha, der ewige Zweitligaverein, der fernab der großen Player in Deutschland agierte und sich höchstens beim traditionellen Budenzauber in der Deutschlandhalle mit der Elite aus In- und Ausland messen konnte, war auf einmal wieder erstklassig, in Farbe und bunt, im Fernsehen.

Als der erste Gegner ins ausverkaufte Berliner Olympiastadion reiste, übertrug Premiere bereits seit sechs Jahren Livespiele aus der Bundesliga. In Berlin war der spätere Weltpokalsieger und amtierende Champions-League-Sieger Borussia Dortmund zu Gast, dem Hertha im ersten Bundesliga-Livespiel der blau-weißen Saga direkt ein Unentschieden abrang. Shootingstar Ante Čović läutete mit seinem Treffer zum 1:1-Endstand eine neue Bundesligaepoche im Berliner Fußball ein. Hertha BSC war endlich angekommen auf der großen Bühne und machte neugierig auf mehr.

Bekenntnis – Rückkehr ins Stadion

Der Auftritt von Hertha BSC gegen die Stars von Borussia Dortmund war so überzeugend, dass ich das nächste Spiel von Hertha gespannt am Radio verfolgte. Zum nächsten Heimspiel machte ich mich auf den Weg ins Olympiastadion. Obwohl ich nur drei U-Bahn-Stationen vom *Olympi* entfernt aufgewachsen bin, lag mein letzter Besuch eines dortigen Fußballspiels Jahre zurück.

Ganz ohne Herthaschal oder -Trikot sah ich am dritten Spieltag der Saison 1997/98 ein 2:2 gegen Borussia Mönchengladbach samt einem Last-Minute-Goal von Stefan Effenberg. Als der Freistoß in der 90. Minute im Netz hinter Christian Fiedler einschlug, reifte das Gefühl in mir, mich mit den Herthanern solidarisieren zu müssen.

Das ist Berlin, das ist das Olympiastadion, das ist unsere Heimat! Und Stefan Effenberg, der bei mir bisher nur auf der Mattscheibe stattfand und der tadschikische Tänzer Sergej Mandreko bis dato Knoten in die Beine gespielt hatte, schmeißt hier wild gestikulierend Herzchen in Richtung Ehrentribüne? Ob mich das geärgert hat? Sauer, stinksauer war ich! Beim nächsten Heimspiel war es der heutige Sportdirektor der Bayern, Hasan Salihamidžić, der nach einem Tor für den HSV vor der Ostkurve tanzte. Gemützustand: Erneut stinksauer, wie seitdem bei jedem Gegentor, was Hertha im Olympiastadion fängt. Jedes Gegentor stellt eine persönliche Beleidigung dar und ich bin äußerst nachtragend.

Euphorie – die perfekte Party

Die Mannschaft hatte mein Herz gewonnen, aber mit den Fans von Hertha BSC fremdelte ich weiterhin. Wenn mich jemand damit konfrontierte, wieso ich Hertha-Fan sei, war meine Antwort: Ich bin Fan von der Mannschaft, mit den Fans habe ich nichts zu tun. So ging meine erste Saison im Herthakosmos mit dem Klassenerhalt 1998 zu Ende.

In der nächsten Saison passierten wundersame Dinge. Auf einmal klickte alles, Gabor Kiraly hatte längst das Herthator erobert, Michael Preetz traf, wie er wollte und zack und ohne, dass ich im Gegensatz zur Vorsaison einzelne Spiele dieser Saison 1998/99 hervorheben kann, beendete Hertha die Saison auf Tabellenplatz drei mit der Möglichkeit, sich für die Champions League zu qualifizieren. Ab dann ging alles viel zu schnell. Milan, Chelsea, Barcelona, Porto, Galatasaray; Hertha trat gegen die ganz Großen an und die Europapokalabende im Olympiastadion werden Herthaner nie vergessen. Es war eine unglaublich aufregende, mitreißende und vor allen Dingen spannende Zeit rund um die Jahrtausendwende bei Hertha BSC und ich war mittendrin. Aufstieg, Klassenerhalt, Europapokal-Quali, Top 16 in der Champions League und dies alles in nur vier Jahren. Ein einziger Rausch.

Ich hatte den richtigen Zeitpunkt erwischt, um bei einem Fußballverein als Fan einzusteigen. Unbewusst war ich auf die perfekte Party geraten, an die sich Jahre später noch alle erinnern.

Enttäuschung – der Kater danach

Hertha BSC hatte rund ums Millennium die ultimative Party gefeiert und der Verein merkte nicht, wann es Zeit war, zu gehen. Trainer Jürgen Röber scheiterte genauso daran, den Verein zurück in die Champions League zu führen, wie später Falko Götz,

Huub Stevens oder am Ende Lucien Favre. Daran konnten auch die Stars nichts ändern, die an die Spree wechselten. Alves, Marcelinho, Baştürk, Gilberto und Pantelić begeisterten uns, aber auch sie konnten den Rausch, dieses unbeschreibliche Hochgefühl der Jahrtausendwende nicht wiederbringen. Der Verein Hertha BSC verkam zu einer Personifizierung der Figur Gollum, die „ihren Schatz" jagte. Der Magie, welche die Champions League in Berlin kurzzeitig versprühte, konnten sich auch Jahre später weder die Verantwortlichen, die Fans oder die Medien entziehen. Diese Nächte im Olympiastadion gegen den FC Chelsea oder den AC Milan konnten wir einfach nicht vergessen und wir waren getrieben, uns diese Nächte wiederzuholen. Der Preis dafür spielte keine Rolle.

Mein persönlicher Tiefpunkt als Hertha-Fan war dabei weder der erste noch der zweite Abstieg, den ich miterlebte, sondern der letzte Spieltag der Saison 2004/2005. Lediglich ein Sieg trennte uns von der Rückkehr ins gelobte Land Champions League. Im mittlerweile nicht mehr maroden Olympiastadion war bei strahlendem Sonnenschein kein Platz frei geblieben. Ich hatte Karten für alle meine Freunde besorgt und es herrschte eine Euphorie rund um Hertha BSC, wie ich es selten erlebt hatte. Die Fans im blau-weißen Olympiastadion erwarteten gegen Hannover 96 am 34. Spieltag eine letzte Gala. Doch Hertha, angeführt vom unwiderstehlichem Marcelinho, der seine beste Saison für die alte Dame gespielt hatte, kam gegen mauernde Hannoveraner nicht über ein 0:0 hinaus. Der Abpfiff nach 90 Minuten Bangens und Herbeisehnen eines Tors war ein Stich ins Herz eines jeden Herthaners und die Behauptung, der Verein habe sich jahrelang von diesem traurigen Nachmittag nicht erholt, ist nicht komplett falsch. Selbst die 0:4-Niederlage gegen den Karlsruher SC im Sommer 2009, als Hertha erneut die Champions League verspielte, konnte diesen Schmerz nicht reproduzieren. Das verlorene „25-Millionen-Euro-Spiel" war gleichzeitig das Ende der Ära Dieter Hoeneß, die Jagd nach der Champions League endete an diesem Nachmittag in Karlsruhe.

Sehnsucht – der lange Weg zurück

Mit dem Sonderzug aus Karlsruhe fuhren wir zu später Stunde an der hell erleuchteten VW-Arena vorbei und wir wussten, das ist es gewesen. Wir waren gescheitert. Die Meisterschaft hatten wir verspielt und auch die Champions-League-Qualifikation war uns entglitten. Die Kasse war leer, mal wieder. In dieser Nacht fiel zum ersten Mal, obwohl wir die Saison auf Platz vier beendeten, das Wort „Abstieg".

Die Stars Josip Šimunić, Andrij Woronin und Marko Pantelić verließen den Verein und Hertha BSC konnte sich unter neuer Führung nicht gegen die entstandene Unwucht im Kader stemmen. Meinen ersten Abstieg mit Hertha erlebte ich daraufhin 2010 in der Ostkurve.

Ich war längst der Fan geworden, der ich 1997 zu Beginn meines Interesses an Hertha BSC nie sein wollte. Ich hatte über die Jahre Mitstreiter gefunden, Schals und Trikots hingen längst im Schrank. Ich hatte meinen ersten Hertha-Blog gegründet und doch lagen die größten Abenteuer noch vor mir. Auswärtsfahrten nach Paderborn, Heimspiele gegen Oberhausen und Aufstiegsfeiern in der Küche. Relegation, Abstieg, Aufstieg, Sieg beim BVB inklusive einer kleinen Träne im Auge und natürlich die Stadtmeisterschaft. Bei allem, was auf dem Feld in den letzten zehn Jahren so los war und was sich bei Hertha BSC hinter den Kulissen abspielte, standen der Sport, der Erfolg, die 90 Minuten am Wochenende immer weniger im Vordergrund. Das gemeinsame Engagement für den Sport, für soziale Themen im Rahmen von Hertha BSC, die gemeinsamen Erlebnisse und vor allen Dingen die Freundschaften sind am Ende das, auf das man zurückschauen wird, eingerahmt von Sieg oder Niederlage unserer elf Vertreter auf dem Feld.

Die bei Hertha eingekehrte Ambitionslosigkeit, Claims wie „We try, we fail, we win!", die fehlenden finanziellen Möglichkeiten, die besten Spieler zu halten und der Ausruf, man sei jetzt Ausbildungsverein, erforderten Durchhaltevermögen. Oft fragte ich mich, bin ich eigentlich noch Hertha-Fan? Bin ich Fan von einer Hertha unter Geschäftsführer Sport und Kommunikation Michael Preetz und Präsident Werner Gegenbauer, bei denen Worte wie Demut und Geduld dominierten? Dem geneigten Fan wurde stets mitgeteilt, was nicht ging, aber selten, wo es denn hingehen sollte und wie wir das schaffen könnten.

Völlig unerwartet für uns Fans wurde 2019 der Deal mit Tennor und Hertha BSC bekannt und die Alte Dame wurde von Investor Lars Windhorst quasi im nächsten Atemzug zum „Big City Club" erklärt. Externe Investoren in einem Fußballverein sind fast ausnahmslos kritisch zu sehen, aber ich sah lange Zeit die Chance, durch einen strategischen Partner und dem eingebrachten Geld der Sehnsuchtsphase zu entkommen.

Aber wonach besteht diese Sehnsucht bei einem Traditionsverein wie Hertha überhaupt? Zu Lebzeiten hat Hertha BSC nicht eine Meisterschaft gewonnen und nur einmal die Champions League erreicht. Es ist wohl nicht die Sehnsucht nach tatsächlichen Ereignissen oder Ergebnissen, sondern nach dem verlorengegangenen Potential, was Hertha BSC über die Jahre vielleicht fälschlicherweise zugeschrieben wurde.

Die zitternde Stimme der Konkurrenz hat mir gefallen, wenn Verantwortliche anderer Vereine über Herthas Möglichkeiten nachdachten, sollte der BSC ein stabiler Herausforderer werden. Ich mochte die Häme bei Auswärtsfahrten mehr als das Mitleid, wenn Fans vom arroganten „Hauptstadtklub" mehr erwarteten als von ihrer Provinztruppe, was oftmals die Ansprüche von Hertha BSC und seiner Anhänger selbst übertraf. Ich mochte diese Jagd nach der Champions League und bin umso desillusionierter, dass selbst der über Jahre gesuchte strategische Partner Hertha BSC nicht mit Cash Money von der Lethargie befreien konnte. Eine einmalige Investition von 374 Millionen Euro ist im heutigen Fußball für viele Vereine immer noch viel Geld, aber einmalig getätigt nicht genug, um die großen Vereine mit ihren unendlichen finanziellen Ressourcen in der Champions League herauszufordern, die nicht auf Ticketverkäufe oder Fernsehgelder angewiesen sind.

Hertha BSC zukünftig in einer Riege mit Chelsea, Real Madrid, Paris St. Germain und Manchester City zu sehen; diesen Fehler beging wohl nur die Tennor Gruppe rund um Lars Windhorst. Die Phantasie, wie Hertha es bewerkstelligen würde, mit diesem Investment drei Mal gegen Abstieg zu spielen, hatten selbst die pessimistischsten Hertha-Fans und größten Kritiker nicht. Hertha BSC, das war eine Schlechtleistung!

Der Berliner Sport Club, Hertha Frösche und Hertha BSC

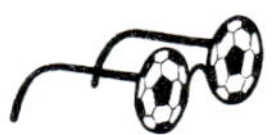

Hertha BSC Berlin

Als Anhänger von Hertha BSC hat man es nicht immer leicht mit der Berichterstattung über den geliebten Fußballverein. Es gibt einige Dinge, die uns Herthaner, so heißen wir Anhänger, Mitglieder, Fans und Spieler, immer wieder im Kreis springen lassen und dies beginnt bereits beim Namen unseres Vereins.

Fälschlicherweise wird der Verein oft als Hertha BSC Berlin bezeichnet, wobei dieser Vereinsname ganz offensichtlich eine Doppelung enthält, denn BSC steht nicht für Ball Sport Club oder Bezirks Sport Club, sondern ganz naheliegend für Berliner Sport Club. Klingt logisch, oder!? Und trotzdem ist es ein eingespieltes Ritual zwischen Journalisten, Redaktionen, Social-Media-Managern auf der einen und Herthanern auf der anderen Seite, was folgendermaßen abläuft: Jemand mit großer medialer Reichweite sagt oder schreibt „Hertha BSC Berlin", dies wird in Berliner Wohnzimmern verärgert zur Kenntnis genommen und schneller als „Haarewaschen" gehen per Twitter die Nachrichten ein, dass der Verein gefälligst „Hertha BSC" ohne Berlin heißt!

Doch wie kommt es eigentlich, dass es der Medienlandschaft so schwer fällt, sich den Namen eines Vereins, der Gründungsmitglied der Bundesliga ist und somit seit 1963 auf höchster nationaler Ebene vertreten ist, zu merken?

Es begab sich im Jahr 1997, als auf der Geschäftsstelle des Berliner Bundesligisten, der GröFuMaZ (der größte Fußballmanager aller Zeiten), mit bürgerlichem Namen Dieter Hoeneß, herrschte. Seiner Erzählung nach fand er auf der Geschäftsstelle von Hertha BSC neben der leeren Kasse nur eine Schreibmaschine vor. Doch der GröFuMaZ verdiente sich seinen Titel damit, dass er den Verein in die Neuzeit führte, Strukturen, Arbeitsweisen und Hierarchien etablierte. Im Zuge des Reformationsdrangs bei Hertha BSC machte der GröFuMaZ auch nicht vor dem Logo, dem Allerheiligsten eines Vereins, halt.

Die im Winde wehende Herthafahne, die seit zwölf Jahren die Brust des blau-weißen Trikots zierte, mochte für die Zweite Bundesliga oder mit Zähneknirschen auch für die Bundesliga genügt haben, doch für die Champions League, in die Hertha BSC mit dem GröFuMaZ einzog, war das nicht genug. Es war Zeit für ein Rebranding, und das alte Logo zahlte zu wenig auf den Berlintrumpf ein.

Also wurde 1999 die blau-weiße Fahne mit dem Wortlaut „Hertha BSC“ im minimalistischen Kreis um einen dicken blauen Ring samt Aufschrift HERTHA BSC BERLIN ergänzt. Doppelt hält in Sachen Berlin besser und dreifach am besten! Dieser Ring schmückte für die nächsten dreizehn Jahre die Trikots des neuen Ausrüsters Nike, ob in der Bundesliga oder in der Champions League, ob in Cottbus oder Mailand.

Der Effekt: Damals wie heute kennt uns in Europa keine Sau, was auch nicht weiter schlimm ist, denn „die Zukunft gehört bekanntlich Berlin“. Geblieben ist vom „Dieter Hoeneß Gedächtnisring“ die Dopplung im Namen des Vereins, das berühmt-berüchtigte „Hertha BSC Berlin“.

Fairerweise sollte erwähnt werden, dass der GröFuMaZ das Logo weder erfunden noch in Auftrag gegeben hat. Der Entwurf des seit 1999 verwendeten Logo lag bei Hertha seit dem verlorenem Pokalfinale 1979 zwei Jahrzehnte in der Schublade. Vermutlich mit den Pokalsieger-T-Shirts, für die das Logo einst gedacht war.

Hertha, die Alte Dame

Der Verein Hertha BSC hieß ursprünglich „Berliner Fußball Club Hertha 1892“ und wurde nach einem Dampfer benannt. Nach der Fusion mit dem neureichen BSC aus Wilmersdorf wurde der Verein in Hertha BSC umgetauft.

Während bundesweit gerne von „der Hertha“ gesprochen wird, verzichtet der Berliner in den meisten Fällen auf den Artikel vor Hertha. Stets ein gutes Indiz zu erkennen, ob man sich im Späti, vor dem Stadion oder in der U-Bahn gerade mit Zugezogenen unterhält, deren Herz vermutlich nicht für die Alte Dame tickt. Den Spitznamen, die Alte Dame, hat sich unser Verein als ältester Club in der Bundesliga redlich verdient. Viel haben der Verein und seine Mitglieder mitgemacht, viele Skandale galt es zu bewältigen und immer ging es irgendwie weiter für diese Berliner Institution.

Die Hertha Frösche

Wären wir bei den Anhängern von Hertha BSC angekommen. Auch hier kursieren einige Formulierungen, die der geneigte Fan nicht gerne liest.

Fans des Vereins nennen sich natürlich nicht mehr die Hertha Frösche. Die oft zitierten Hertha Frösche waren einst ganz normale, am Spielfeldrand hüpfende Fans und später Anhänger, die man lieber nicht am Spielfeldrand sehen wollte und die in ganz Deutschland gefürchtet waren. Aber während die Gruppe in den Achtzigern organisiert Angst und Schrecken in westdeutschen Städten verbreitete, sind davon letztendlich nur ein paar Aufnäher auf der Kutte geblieben. Mitglieder und alle, die sich mit dem Verein identifizieren, sind „Herthaner und Herthanerinnen". Die große Gesamtheit der Fans ist heutzutage im Förderkreis Ostkurve organisiert oder in einem der vielen offiziellen Fanclubs.

Die bekanntesten Ultragruppierungen sind Harlekins Berlin 98 und die Hauptstadt Mafia 03.

Die Westberliner

Hertha BSC trägt seine Heimspiele seit 1963 im Berliner Olympiastadion aus. Natürlich liegt das Olympiastadion im Westen der Stadt und im Gebiet der ehemaligen Stadt Berlin (West). Selbstverständlich spielte Hertha BSC in der Bundesliga unter der Schirmherrschaft des DFB und eben nicht gegen Kontrahenten in der DDR-Oberliga. Macht das Hertha BSC zu Westberlinern? Zu dem Schluss könnte man kommen, wenn man außer Acht lässt, wie alt der Verein ist und dass Hertha BSC seine erfolgreichste Zeit vor dem Zweiten Weltkrieg und der anschließenden Teilung Berlins hatte. Hertha BSC spielte nicht immer im Olympiastadion, sondern zuvor in „der Plumpe" im Wedding. Den Spielbetrieb nahm Hertha BSC im Jahre 1892 allerdings im heutigen Pankow auf dem Exer (Exerzierplatz) auf. Dort, im Osten Berlins, unternahm der BFC Hertha von 1892 bis 1904 die ersten Gehversuche. Hertha BSC selbst versteht sich als Verein für die ganze Stadt und viele Herthaner reisen auch heute noch aus dem Osten und dem Berliner Umland zu den Heimspielen der Blau-Weißen ins Olympiastadion.

Die Charlottenburger

Genauso wenig wie wir die „Westberliner" sind, sind wir „die Charlottenburger". Hertha BSC kommt wie bereits erwähnt aus dem Herzen Berlins, spielte in Wedding, Reinickendorf, Pankow und jetzt in Charlottenburg. Vielleicht mag es ein Nachteil sein, dass Hertha BSC nicht für einen Bezirk steht, doch das Selbstverständnis des Vereins ist es, allen Berlinern und Brandenburgern eine blau-weiße Heimat zu geben. Aktuell spielt und trainiert Hertha BSC in Charlottenburg, richtig. Aus eigener Erfahrung kann ich allerdings sagen, dass die jahrzehntelange Beheimatung des Vereins in Charlottenburg, wo auch ich groß wurde, nicht dazu beigetragen hat, dass der Bezirk Charlottenburg-Wilmersdorf die uneingeschränkte Hertha-Homebase geworden ist. Das oftmals betagtere Publikum im Westend nimmt Hertha BSC oftmals eher als Last wahr. Die Heimspiele ziehen tausende Menschen an, die Parkplätze belegen, ihr Getränk am Gartentor recyceln oder sogar singen. Es wäre vermessen, Hertha BSC als Charlottenburger zu bezeichnen. In der Ostkurve wirst du Herthaner aus allen Bezirken Berlins finden und spätestens, wenn du unser Lied mit uns singst und 90 Minuten alles gibst für Blau-Weiß, ist es egal, aus welchem Bezirk du kommst oder, ob du vom anderen Ende der Welt aus dein Herz an den Verein verloren hast.

Mehr gehasst als geliebt

Wohin du als Berliner auch reist, eins ist von vornherein klar: Zu deiner Heimatstadt an der Spree hat jeder eine Meinung. Die einen freut es, auf Berliner zu treffen und die Worte sprudeln nur so heraus, von den Verwandten in Berlin, früheren Besuchen oder regelmäßigen Reisen, den Lieblingsorten in der Stadt. Den anderen ist Berlin zu dreckig, zu laut und zu gefährlich.

Wird man allerdings außerhalb des Berliner Speckgürtels in Gespräche über Hertha BSC verwickelt, trifft die Aussage: „Berlin polarisiert" schon nicht mehr zu. In Deutschland sind wir selten „zu Gast bei Freunden". Egal, in welches Provinznest wir auch reisen, eine vorgefertigte Meinung verpackt in „Big City Club", „Hertha

BSC Berlin“ und die „Hertha Frösche“ ist schon dort. Im Osten Deutschlands, wo wir beheimatet sind, sind wir ehemaligen „Inselaffen“ aus Berlin-West scheiß Wessis und im restlichen Bundesgebiet sind wir genauso „blöde Ossis“ wie alle anderen. In einem „gespaltenem Land“, wie es immer wieder in den Kommentarspalten der großen Zeitungen zu lesen ist, sind wir, überspitzt gesagt, der gesellschaftliche Kitt, auf dessen Ächtung sich der Deutsche einigen kann. Wir bringen Menschen von Frankfurt an der Oder bis Frankfurt am Main auf den kleinsten gemeinsamen Nenner. Schon vor der Wende haben wir viele Fußballfans irgendwie in ihrer heilen Welt „Bonner Republik“-Bundesliga der kurzen Wege gestört. Auswärtsfahrten durch die „SBZ“, den Transit oder die DDR, wie man es auch nennen mag, um im baufälligen Olympiastadion zu gastieren, waren nicht genusssteuerpflichtig.

Es wird gemutmaßt, dass Axel Springer seine Hände im Spiel hatte, damit Hertha BSC überhaupt zu einem der sechzehn Gründungsmitgliedern wurde. Schon damals wird in der Provinz geflucht worden sein, dass die eigene Trümmertruppe nicht dabei war, aber dieser Verein vom anderen Ende der Welt aus einer Stadt, die geographisch in einem anderen Land lag.

Gelsenkirchen

Wir waren gewissermaßen ein Adoptivkind des DFB, das sich nicht sonderlich gut mit den anderen Kindern verstand. Wo Hertha BSC spielte, war Streit nicht weit entfernt. Besonders angetan hat es uns dabei eine kreisfreie Stadt im Regierungsbezirk Münster und die Anhänger des ortsansässigen Fußballvereins. Die Streitigkeiten zwischen Hertha BSC und dem Fußballverein aus Gelsenkirchen gehen bis in die 1960er Jahre zurück. In Gelsenkirchen spricht man von einer „einseitigen Rivalität“ und zuckt mit den Schultern, wenn von Hertha BSC die Rede ist. Der Rivale sei Borussia Dortmund.

Dabei wird in der Stadt mit 260.000 Einwohnern ohne ICE-Anschluss etwas verkannt. Uns Hertha-Fans ist es völlig egal, ob ihr mit uns eine Rivalität haben wollt oder nicht, wir können euch einfach nicht leiden und das lassen wir uns mit dem ständigen Lancieren des Begriffs „Einseitige Rivalität“ nicht verbieten. Zugunsten

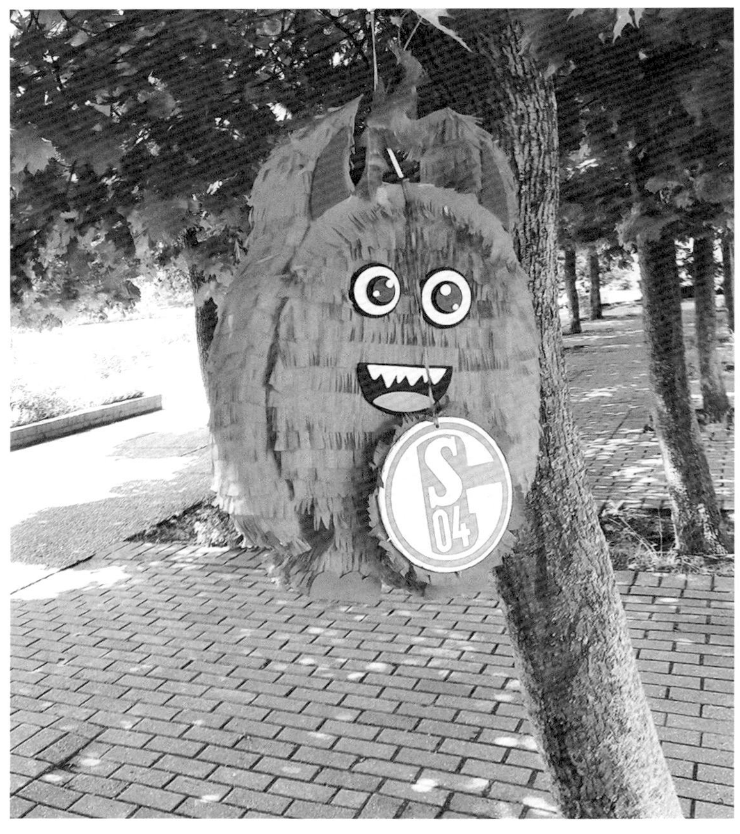

von Gelsenkirchen stehen bei Hertha BSC ein Zwangsabstieg, eine Pokal-Niederlage am grünen Tisch und die Sperrung sämtlicher Herthaspieler nach dem Bundesligaskandal zu Buche, während die andere Seite vehement vor Gericht leugnete, Spiele verschoben zu haben und mit milden Strafen davonkam. Für uns seid ihr der FC Meineid und es gibt kein Vergeben oder Vergessen, ganz egal, was ihr über uns denkt.

Während uns in Gelsenkirchen schon Vorschulkinder den Stinkfinger zeigen oder Fans, „denen wir egal sind", ihre Bratwurst nach uns werfen, gibt es einen Ort in Deutschland, an den Herthaner immer gerne fahren: Karlsruhe.

Karlsruher SC

Seit der Saison 1976/77 verbindet die Anhänger von Hertha BSC und dem Karlsruher SC eine innige Freundschaft. Statt sich, wie damals gar nicht so unüblich, direkt nach Einfahrt des Zuges in Karlsruhe auf die Mütze zu geben, wurden die Anhänger von Hertha BSC äußerst herzlich empfangen und das Bier floss in Strömen vor und nach dem Spiel. Die blau-weiße Freundschaft zwischen Baden und Berlin war geboren. Eine Freundschaft, die auch manchmal auf den Prüfstand geriet, wenn beide Mannschaften gegeneinander antreten mussten. In der Saison 2008/09 wurde die Freundschaft gleich doppelt geprüft. Als am 13. Dezember 2008 beide Mannschaften im Berliner Olympiastadion aufeinandertrafen, spielte Hertha BSC ganz weit oben mit und hatte Ambitionen, die Meisterschaft zu holen, während der KSC im unteren Drittel der Tabelle festhing. Beide Mannschaften brauchten die Punkte dringend und trotzdem passte kein Blatt Papier zwischen die Anhänger beider Vereine. *Kaaaaarlsruhe, Heeeeeertha!*-Wechselgesänge zwischen beiden Fanlagern, obwohl sich das Spiel auf dem Rasen für den KSC zu einem Desaster entwickelte. Gegen starke Herthaner fingen sich die Karlsruher vier Gegentore und die Abstiegssorgen vergrößerten sich. Die Freundschaft blieb bestehen. Genauso, wie sie nach dem Rückspiel bestehen blieb, als wir Herthaner voller Hoffnung nach Karlsruhe reisten, um mit einem Sieg die Champions-League-Qualifikation klarzumachen. Auch Karlsruhe machte sich noch Hoffnungen auf den Klassenerhalt, war bei einem Sieg aber von den Ergebnissen anderer Plätze abhängig. Es war fast schon unheimlich, wie freundlich die Scharen an Hertha-Fans in der Schwesterstadt empfangen wurden. Von Supermarkt bis Biergarten, von Tram bis Stadion lächelten die Leute und verwickelten uns in Gespräche. Dieses Mal mussten wir die Kröte schlucken, als wir mit 0:4 im Wildpark untergingen und von Marko Pantelić, Andrij Woronin und Joe Šimunić Abschied nehmen mussten. Doch die Freundschaft hielt auch das aus und am Ende konnten sich die Fans gegenseitig trösten, denn auch der 4:0-Heimsieg hatte beim KSC nicht für den Klassenerhalt gereicht. Unsere Freunde mussten den Gang in die Zweite Bundesliga antreten und schon eine Saison später sahen wir uns wieder.

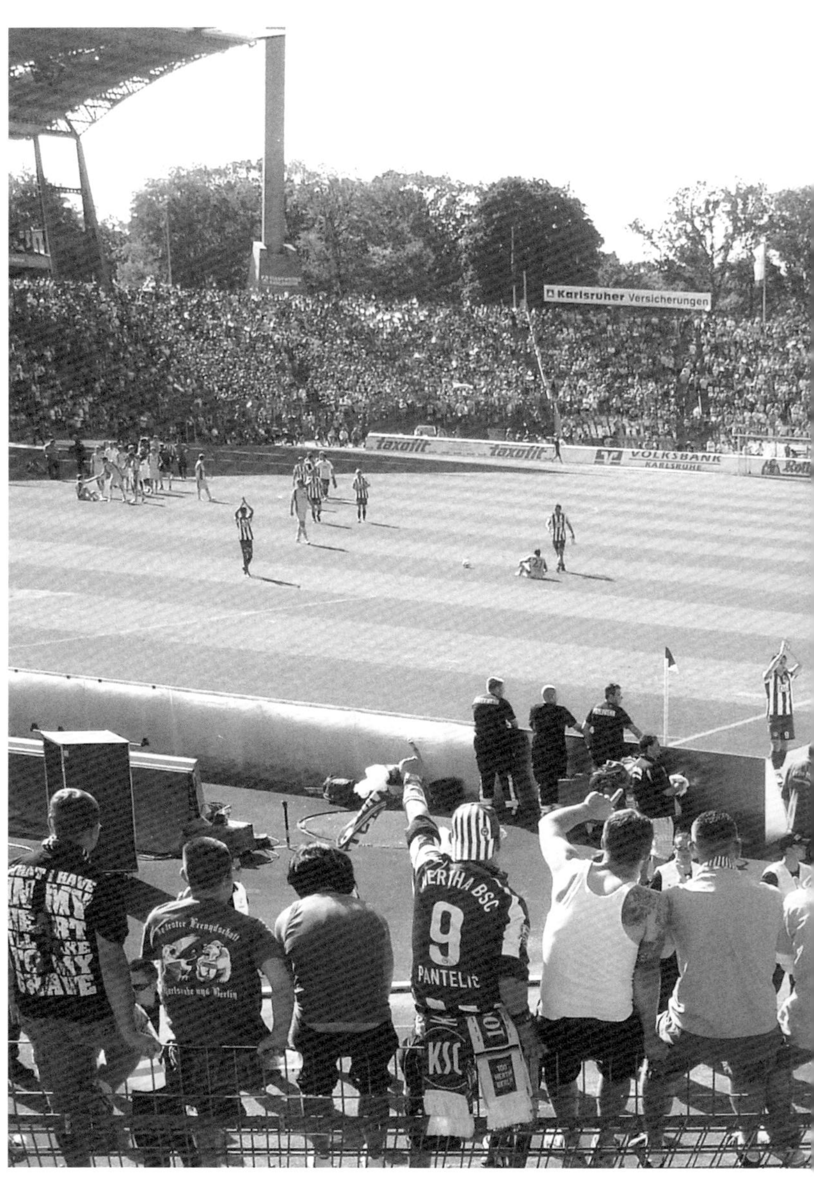

Bis heute sind Fans von Hertha BSC und vom Karlsruher SC eng miteinander befreundet, fahren zusammen auswärts und unterstützen sich auch bei Heimspielen, wann immer es der Spielplan zulässt.

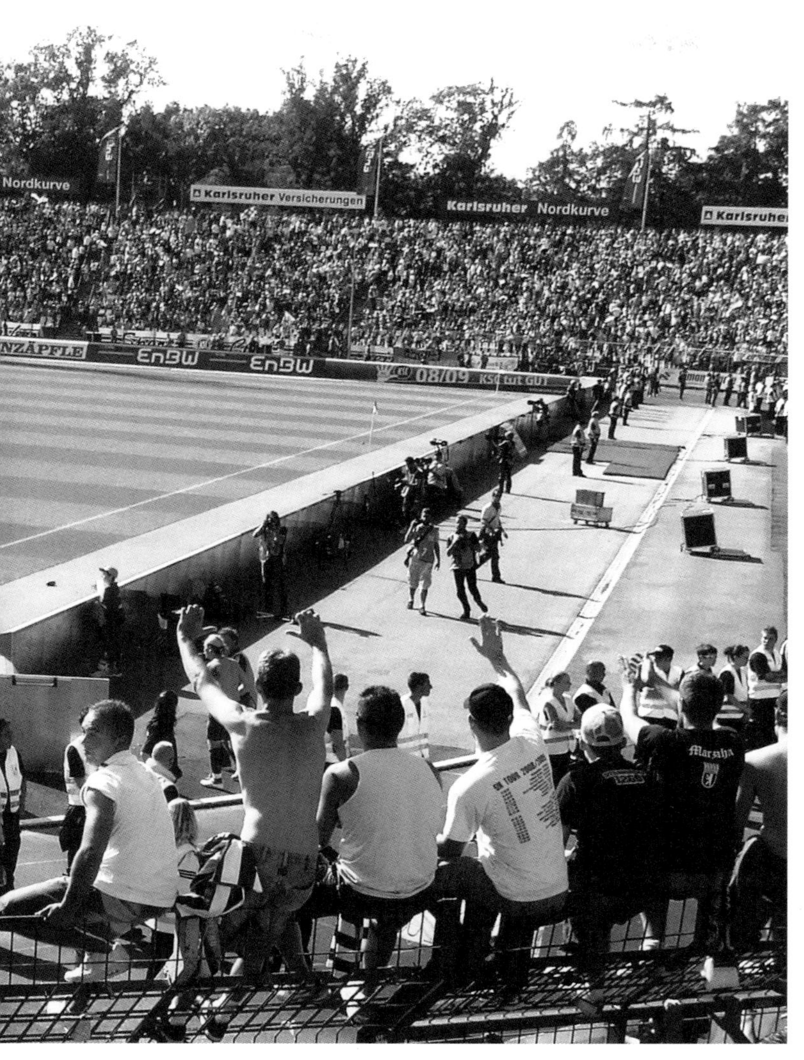
Nordkurve
Karlsruher Versicherungen
Karlsruher Nordkurve
Karlsruher
NZÄPFLE
EnBW
EnBW
08/09 KSC tut GUT
Marzahn

Hertha und der Pokal

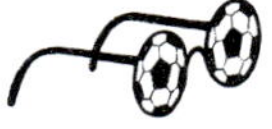

Pleiten, Pech und Pannen im Pokal

Hertha BSC und der DFB-Pokal ist eine schwierige Beziehung, die viele Anhänger der Blau-Weißen nur noch sarkastisch kommentieren. So hat Hertha BSC, seit das Pokalfinale in Berlin ausgetragen wird, genau einmal das Endspiel erreicht. Doch nicht die Profis verloren 1993 mit 0:1 gegen Bayer Leverkusen, sondern es waren die Amateure, die Hertha Bubis, die der Werkself einen leidenschaftlichen Kampf lieferten und sich am Ende doch geschlagen geben mussten.

Für die Profis von Hertha BSC lief es stets weniger gut. Kurz nach der Jahrtausendwende schieden wir an einem schönen Sommertag im August mit Weltmeister Luizão im Sturm in der ersten Runde beim Regionalligisten Holstein Kiel nach Elfmeterschießen aus. Kurios dabei: Hertha vollbrachte das Kunststück, keinen einzigen Elfmeter zu versenken. Seitdem bietet Hertha stets ein Sammelsurium aus Pleiten, Pech und Pannen im Pokal. Die Alte Dame scheint diese peinlichen Ereignisse auf immer neue Art und Weise anzuziehen, wie den unterklassigen Gegner Eintracht Braunschweig, gegen den wir natürlich in guter Regelmäßigkeit selbst mit aufgepumpter Millionentruppe verlieren. Wer erinnert sich nicht an Michael Stahl, den Libero der TuS Koblenz, der per Befreiungsschlag aus rund 61 Metern ins Herthator traf und so das Aus in der zweiten Runde des DFB-Pokals vor 7.015 Zuschauern einleitete? Dieser Riss in der Matrix bescherte Stahl die Auszeichnung „Tor des Monats Oktober 2010“ und „Tor des Jahres 2010“.

Geburtstagsspiel 2012

Mein Spiel des Jahres hielt der DFB-Pokal 2011/2012 für mich bereit. Hertha hatte die ersten Runden überstanden und stand nach einem 3:1-Heimsieg über den 1. FC Kaiserslautern im Viertelfinale des DFB-Pokals. Der nächste Gegner, der unserem großen Traum vom Pokalfinale im eigenen Stadion im Weg stand: Borussia Mönchengladbach, daheim. Ein Bundesligaduell im Viertelfinale des DFB-Pokals und eins der seltenen Heimspiele im Olympiastadion, da überlegten wir nicht lange und die Tickets waren am ersten Tag gekauft. Wir waren heiß auf die Partie, doch die Sache hatte einen Haken. Als Terminierung, die bei einem Heimspiel im Pokal für mich zweitrangig war, las ich dort: 8. Februar 2012. Die Karten waren längst gekauft und bezahlt, als ich bemerkte: Das ist der Geburtstag meiner Freundin. Der Stadionbesuch rückte in weite Ferne. Die Diskussion darüber musste ich gar nicht aufmachen, ob ich vielleicht früher gehen oder später wiederkommen könnte!? Das wäre in meiner Familie vielleicht gerade noch so akzeptabel, weil meine Fußballbesessenheit stillschweigend akzeptiert wird, aber mir war klar, ich sitze am 8. Februar am Geburtstagstisch, während im Olympiastadion vielleicht sogar „historisches" passiert, wenn Hertha ins Halbfinale einziehen sollte.

Ich brauchte einen Plan und brachte am Ende das Beste aus beiden Welten zusammen. Kurzerhand hatte ich zu Hause den SKY-Receiver abgebaut und in den Rucksack gepackt. Nach der Geschenkübergabe stöpselte ich den Empfänger ganz selbstverständlich im Wohnzimmer der Eltern ans Fernsehgerät. Dies traf glücklicherweise auf die notwendige Gastfreundschaft und so genoss ich die wunderbare kasachische Küche, trank mit dem Vater Whiskey und Wodka und vermisste doch ein wenig meinen freigebliebenen Platz im Olympiastadion.

Drüben im Westend hatten sich bei elenden Minustemperaturen knapp 47.000 Zuschauer im Kühlschrank Olympiastadion versammelt und sahen Hertha erfolglos auf einen Treffer drängen. Als die Temperaturen in Richtung Minus zehn Grad sanken und das Spiel schon in der Verlängerung war, fuhren nicht nur die Fans im Olympiastadion aus der Haut. Nach einem Zweikampf im Strafraum zwischen Roman Hubník und Igor de Camargo, den Dr. Felix Brych trotz harten Einsteigens von de Camargo nicht abpfiff, gerieten Hubník und der Belgier in der Box aneinander. Als Hubník den Stürmer zur Rede stellen wollte und sich auf ihn zu bewegte, sackte dieser wie vom Blitz getroffen zusammen. Unterzieht man die Bilder aus dem Strafraum dieser eiskalten Nacht einer genaueren Betrachtung, wird sogar deutlich, dass es de Camargo ist, der den Kopf in Richtung Hubník bewegt, um sich anschließend selbst fallen zu lassen. Es half alles nichts! Dr. Felix Brych, von vielen Experten als bester deutscher Schiedsrichter bezeichnet, entschied in einer Welt ohne VAR sofort auf Elfmeter und Rote Karte. Der Vater meiner Freundin, ein eher stiller Zeitgenosse, der das Spiel aufmerksam ohne große Regung verfolgt hatte, sprang in diesem Moment auf und rief: „Das ist Betrug!“ Ich nickte.

Am Ende verlor Hertha BSC mit 0:2 nach Verlängerung und der Traum vom Pokalfinale war wieder ausgeträumt.

Wir Herthaner fühlten uns betrogen und auch die Presse ließ kein gutes Haar an der Entscheidung von Dr. Felix Brych. Im gleichen Spiel verletzte sich zu allem Elend auch der spätere Kapitän Fabian Lustenberger und fiel die gesamte restliche Saison, die im Abstieg endete, aus.

Oktoberfestspiel in München

Apropos Abstieg: Als wir in der Saison 2009/10 beim TSV 1860 München im Pokal zu Gast waren, war die Stimmung der Löwen auch etwas „salzig“, nachdem wir in der Saison 2003/2004 im Münchner Olympiastadion die Liga gehalten hatten und sie dafür den Gang in die Zweitklassigkeit antreten mussten. Dabei war doch Oktoberfest und nun wirklich kein Grund, schlecht drauf zu sein.

Wir waren es jedenfalls nicht, als sich unsere Reisegruppe in der Früh in Richtung München aufmachte. Ganz im Gegenteil herrschte bei uns im Abteil ausgelassene Stimmung, als sich der Zug in Bewegung setzte und das erste Kindl geöffnet wurde. Die Stimmung war etwas getrübt, als in Fulda früher als gedacht der Kasten Kindl bereits erschöpft war und wir uns im Zug auf die Suche nach Ersatz machen mussten. Von jemanden, der jeden Dieter-Bohlen-Look-a-like-Contest gewonnen hätte, bekam jeder eine Packung „Dosen-Willi“ als Stimmungsaufheller in die Hand, ein Getränk aus einer Art Sardinenbüchse, was ich nur eingeschränkt weiterempfehlen würde und das nicht jeder gleich gut vertrug.

In München angekommen, nahmen wir dann die Wiesen in Angriff, im Festzelt floss das Bier in Strömen und wir hatten ernsthafte Bedenken, ob wir es noch ins Stadion schaffen würden. Nach der ein oder anderen Maß machten wir uns mit etwas Schlagseite also auf in Richtung Allianz Arena, um Hertha zu sehen.

Als absolutes Kontrastprogramm zum lebensfrohen Oktoberfest wartete die Arena mit einer Kulisse von 17.000 Zuschauern und hauptsächlich garstigen Löwenfans auf. Vor lauter Aufregung schliefen einige Herthaner vor Spielbeginn erstmal ihren Rausch aus. Doch spätestens nach zehn Minuten Spielzeit sollte auch der letzte wieder wach gewesen sein vom absolut grausigem Torjingle von 1860, der einem durch Mark und Bein geht. Nach diesen besagten zehn Minuten lag Hertha natürlich gegen die unterklassigen Münchner bereits mit 0:1 zurück, um direkt nach der Halbzeit das 0:2 – leider wieder mit Torjingle – zu kassieren. Die ersten wollten bereits zurück zum Oktoberfest, als Hertha eine Aufholjagd startete. Mit einem Doppelschlag von Adrián Ramos und Domovchiyski in den Minuten 76. und 79. war der BSC wieder da.

Am Ende musste die Angelegenheit im Elfmeterschießen geklärt werden und man kann aus heutiger Sicht Gojko Kačar und Christoph Janker dankbar sein, dass sie die ersten Elfmeter direkt verschossen und uns der für jeden erfolgreich verwandelten Elfmeter unfassbar laut eingespielte Torjingle einmal erspart blieb. Sechs Mal muss doch reichen.

Das nächste Zweite-Runden-Aus von Hertha BSC war besiegelt und unsere Abfahrt glich einem Spießrutenlauf. Die Löwen genossen mit Genugtuung ihre Revanche und freuten sich diebisch, uns an Bein gepisst zu haben. Es machte es vielleicht nicht besser, dass ich mich stets nach Francis Kioyo erkundigte und schöne Grüße ausrichten ließ. Mit der Allianz Arena im Rücken hörte ich noch im Dunkeln die Stimmen, die uns nachriefen: „Ihr könnt gar nichts, ihr steigt ab!". Leider hatten sie Recht.

Nach der frustrierenden Niederlage beschlossen wir, uns noch ins Wiesennachtleben zu stürzen, bevor es am nächsten Morgen mit Kater nach Hause ging.

Das große Spiel – Schuss, Tor, Hurra

Als die Partien für das DFB-Pokal-Halbfinale 2016 ausgelost wurden, lag die Chance für Hertha BSC, auf Bayern München oder Borussia Dortmund zu treffen, bei zwei zu drei. Auch Werder Bremen kannte seine Chancen von eins zu drei, auf Hertha BSC zu treffen. An der Weser und der Spree hofften die Fans inständig auf ein vorgezogenes Finale zwischen dem FC Bayern München und Borussia Dortmund.

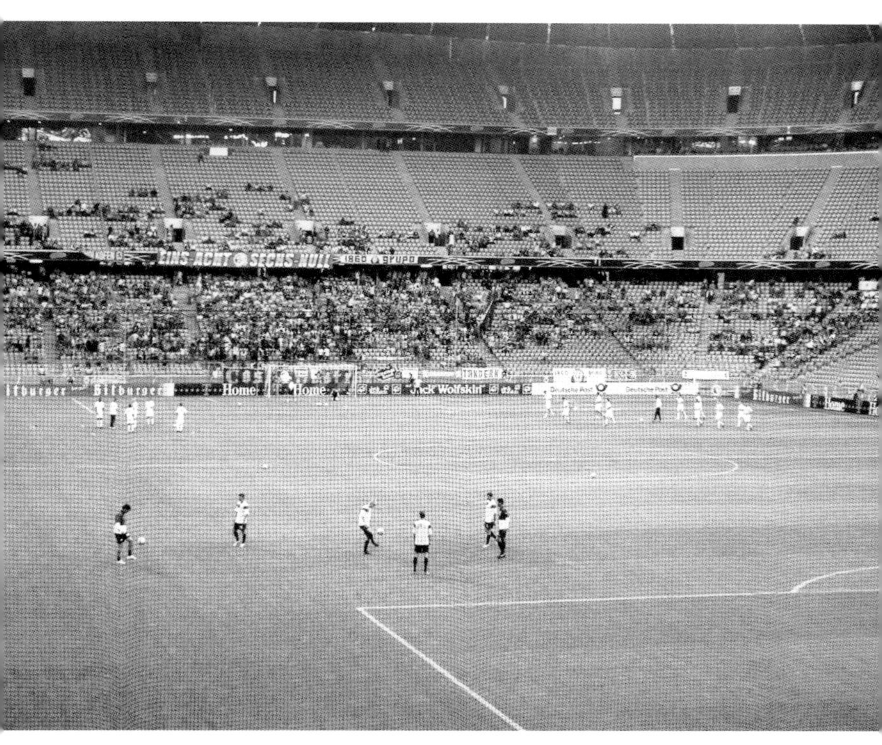

Doch der Fußballgott hatte andere Pläne, Werder Bremen musste in der Allianz Arena antreten und für die Profis von Hertha BSC stand im heimischen Olympiastadion die größte Partie im Pokalwettbewerb seit dem verlorenen Pokalfinale 1979 an.

Das Los Borussia Dortmund löste in Berlin jedoch keine Jubelstürme aus. Die Chancen, die man sich gegen eine von Thomas Tuchel gut ein- und zusammengestellte Champions-League-Mannschaft auf einen Finaleinzug ausrechnen konnte, waren einfach zu gering und wie bei dem jährlichen Kräftemessen mit den Schwarz-Gelben durfte sich der Hertha-Fan auf ein Einfallen der Dortmunder ins Olympiastadion gefasst machen.

Wenn Borussia im Olympiastadion antrat, kamen die Borussen in Scharen von überall. Aus Berliner Studenten-WGs, den neuen Bundesländern, aus Polen und manche sogar aus dem Ruhrpott. Doch dieses Heimspiel sollte für Hertha ein wahres Heimspiel werden. Der Verein reglementierte den Verkauf der Tickets vorerst strikt auf Mitglieder und Dauerkarteninhaber und warb eindringlich dafür, den Traum vom Finaleinzug vor einem blau-weißen Fahnenmeer klarzumachen. Und der Plan ging auf! Die Herthafamilie schaffte es, das große Rund zu füllen und die schwarz-gelben Farben am Marathontor zu halten.

An jedem Platz stand eine Herthafahne bereit und schon lange bevor Frank Zander unsere Hymne *Nur nach Hause* anstimmte, erstrahlte das sonst viel zu graue Olympiastadion in blau-weißen Farben und die Ostkurve zeigte zum Pokalsong der Hertha Bubis von 1993 eine Oberring- und Unterring übergreifende, wunderbare Choreo unter dem Motto SCHUSS, TOR, HURRA. Ein blau-weiße Fahnen schwenkender Chor sang: *Wir holen den Pokal!*, während die Herthafahne an das Dach des Olympiastadions projiziert wurde. Es war das erste Mal, dass meine Generation Hertha-Fans nicht nur träumte, sondern wir alle fest an den Einzug ins Pokalfinale glaubten. Pál Dárdai hatte aus dem Abstiegskandidaten der vorherigen Saison einen Champions-League-Anwärter gemacht und jeder Blau-Weiße im Olympiastadion vertraute unserer Vereinslegende Pál, uns unseren Traum vom Pokalfinale zu erfüllen. Wenn es einer schafft, dann Pál!

Doch nachdem all die Folklore, die so ein großes Spiel mit sich bringt, abgehandelt war und nur noch die elf Spieler auf dem Feld Highlights setzen konnten, versagten den Spielern die Nerven. Über 90 Minuten war die Elf von Thomas Tuchel das bessere Team und Hertha beschränkte sich auf das Verteidigen. Die Mannschaft von Pál Dárdai in einfarbigen Pokal-Sondertrikots wirkte überfordert. Oder war es die vorgegebene Marschroute in einem Heimspiel vor ausverkauftem Haus, sich nicht locken zu lassen und auf einen lucky Punch zu hoffen?

Hertha BSC musste sich nach 90 Minuten ohne große Chance in überwiegender Passivität mit 0:3 geschlagen geben. Diese Niederlage wirkte nach, vor allen Dingen für Pál Dárdai. Vielleicht war es nur das Matchglück, was Dárdais Plan gefehlt hatte, aber in Berlin wurden zum ersten Mal Zweifel laut, ob Dárdai neben kompakt stehen, tief verteidigen und der „Hintenrumscheiße“ einen Plan B hatte.

Dárdai ließ die Chance ungenutzt, einen der großen Trainer in einem ebenso großen K.O.-Spiel mit einem kreativem Matchplan herauszufordern und so selbst ein „Special One“ zu werden. Der Großteil der 74.000 Zuschauer verließ das Olympiastadion mit der Herthafahne unter dem Arm und hängenden Köpfen. Der Traum war wieder einmal geplatzt und am nächsten Tag bei der Arbeit bekam jede Aufgabe eine ungewöhnliche Schwere. Ob wir Excel Tabellen bearbeiteten oder im BSR-Wagen durch Berlin schipperten, unser Herz war schwer und wir trauerten dem Spiel nach, während uns der Alltag schon wieder voll zu vereinnahmen suchte.

Auch der Trainer und die Mannschaft konnten die Niederlage nicht, wie im Profisport sonst üblich, einfach aus den Kleidern schütteln. Mit dem verlorenem Pokalhabfinale war etwas in Schieflage geraten. Mit der Dárdai-Hausmannskost bekam Hertha auch in der Bundesliga kein Bein mehr auf den Boden. Mit einem trostlosen 0:0 in Mainz verspielte das Team nach einer Heimniederlage gegen den Aufsteiger aus Darmstadt sogar noch die direkte Qualifikation für die UEFA Europa League.

So nah wie am Abend des 20. April 2016 kam man in Berlin dem Pokalfinale oder der Champions League nie wieder und Dárdai blieb die ganz große Trainerkarriere verwehrt.

Meine Helden

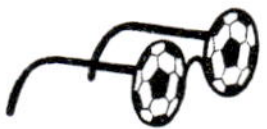

Gábor Király

Eines der Gesichter von Hertha BSC im Jahr 1997 war Christian Fiedler. Mit Fiedler im Kasten zogen die Hertha Bubis 1993 ins DFB-Pokalfinale ein und 1997 war Fiedler der Rückhalt für den Aufstieg ins Oberhaus.

Doch der Start in der Bundesliga verlief holprig für den ehemaligen U-21-Nationaltorhüter. In meiner Erinnerung nahm ihn Jürgen Röber bereits nach dem zweiten Spieltag, dem späten Gegentor von Stefan Effenberg und dessen Kommentaren zu Fiedler, aus dem Tor. Doch Erinnerungen trügen. Erst ein 0:4 bei Hansa Rostock, verbunden mit dem fünfzehnten Gegentor für Hertha BSC und der fünften Niederlage am siebten Spieltag veranlassten Röber, den Torwart zu wechseln.

Király war so etwas wie der Gegenentwurf zum stillen, strebsamen Eigengewächs Christian Fiedler im Tor. Der junge ungarische Torwart träumte stets vom Abwurf über die eigene Latte und praktizierte diesen auch fleißig im Training. Trainer Jürgen Röber standen die Schweißperlen auf der Stirn, wenn Király wieder öffentlich darüber sinnierte, wie schön es wäre, den Ball im Spiel so hart an die eigene Latte zu werfen, dass dieser durch den Rebound ins Spiel gebracht würde. Doch in sieben Jahren bei Hertha BSC und insgesamt 252 Spielen für den Verein hielt Király stets der Versuchung stand, den Ball derart kurios einzuwerfen.

Das Markenzeichen von Gábor Király war die graue Jogginghose. Doch wer glaubt, Király hätte bei Hertha BSC in jedem Spiel mit der berühmte grauen „Schlabberhose" gespielt, irrt. In der Saison 1998/99, Hertha BSC hatte gerade im Auftaktspiel Werder Bremen mit 1:0 besiegt und Kiraly seine erste weiße Weste der Saison eingesammelt, reiste der Herthatross zum zweiten Mal nach dem Wiederaufstieg in die Bundesliga nach Dortmund. Beim ersten Gastspiel war Hertha BSC vierzehn Tage, nachdem der BVB den Weltpokal gewonnen hatte, mit 0:3 untergegangen. Dieses Mal wollte Hertha es besser machen und den Schwung aus dem Auftaktspiel mitnehmen. Und zur Überraschung aller Fans stand an diesem Nachmittag Gábor Király in ungewohnten kurzen Hosen im Tor. Doch gegen eine Dortmunder Mannschaft um Jürgen Kohler, Stefan Reuter, Christian Nerlinger, Dede, Häßler, Möller und den

Stürmern Salou und Barbarez sah Hertha an diesem Nachmittag keinen Stich.

Dabei stand Herthas Defensive gegen stark besetzte Dortmunder einigermaßen stabil, doch Dick van Burik, mit der Kickernote 5,5 für das Spiel bedacht, erwischte einen rabenschwarzen Tag und ermöglichte einen Doppelpack von Sergej Barbarez. Nach 52 Spielminuten jagte Hertha BSC einem 0:2-Rückstand hinterher und schon zehn Minuten später geschah Kurioses im Berliner Strafraum. Machte man sich als Hertha-Fan zwischendurch noch Hoffnungen, dass der Lange vorne noch trifft, wurde es hinten brenzlig, als *Jolly* Sverrisson Gábor Király per Rückpass ins Spiel einbinden wollte.

Und daraus entstand die Szene, an die sich alle Herthaner stets erinnern. Herthas Defensive hatte die Rechnung ohne Bachirou Salou gemacht, der auch diesem Ball hinterhereilte, Gábor Király in Bedrängnis brachte, zu einem Stockfehler zwang und in seiner kurzen Hose unter Jubel der 65.000 Fans im Westfalenstadion schließlich umrundete, um den Ball im Tor zum 0:3-Endstand zu versenken.

Abergläubig wie Sportler sind, ließ Gábor Király spätestens jetzt in Sachen grauer Jogginghose nicht mehr mit sich reden. Király spielte an den restlichen 32 Spieltagen dreizehn Mal zu Null und Hertha BSC feierte am Ende der Saison den Einzug in die Champions League. Laut Kicker-Rangliste gehörte Gábor Király ab sofort zu den Top fünf Bundesliga-Keepern mit internationaler Klasse, also in eine Kategorie mit Jens Lehmann und Oliver Kahn. Gábor Király ist der beste Torwart, den Hertha BSC in den letzten 25 Jahren hatte und der einzige Hertha-Keeper, der für uns in einer Champions-League-Partie zwischen den Pfosten stand.

Arne Friedrich

In eine Zeit, zu der Herthaner von Neuzugängen noch aus der Zeitung oder dem Fußballfachmagazin Kicker vom Kiosk erfuhren, fällt der Transfer von Arne Friedrich zu Hertha BSC. Arne Who? Friedrich wie der Alte Fritz? Abwehrspieler von Zweitligist Arminia Bielefeld und ehemaliger U-21-Nationalspieler, hätte man wissen können. Auch anders als heutzutage schenkten weder die

Presse noch die Fans der U-21-Nationalmannschaft annähernd die Beachtung, wie das heute der Fall ist. So ging es an mir vorbei, dass ein junger Kerl namens Friedrich an der Seite von Metzelder, Tim Borowski, Fabian Ernst, Paul Freier, Sebastian Kehl und im Tor Timo Hildebrand die Qualifikation zur U-21-EM in der Schweiz verpasste. Ebenfalls an mir vorbeigegangen waren die ersten Schlagzeilen um Arne Friedrich, als der Verteidiger 1999 im Dienst vom SC Verl zum Pokalhelden avancierte. So war es Friedrich, damals zwanzig Jahre alt, jüngster Spieler im Team, der im ersten Spiel für den Regionalligisten gegen die Zweitligamannschaft von Borussia Mönchengladbach 90 Minuten plus Verlängerung die Null hielt, um dann den entscheidenden Elfmeter zum Weiterkommen gegen die Profis aus Gladbach zu verwandeln. Drei Jahre später wechselte der Pokalheld also nach Berlin.

Realtalk: Ich bin am 17. August 2002 nicht direkt wegen Arne Friedrich ins Stadion gegangen, aber nach dem Saisoneröffnungsspiel gegen den Deutschen Meister Borussia Dortmund (und dem damit verbundenen 2:2-Unentschieden mit Friedrich in der Startelf) natürlich auch, um den frisch gebackenen deutschen Nationalspieler Arne Friedrich zu sehen. Ein Spiel bei Hertha BSC in der Bundesliga hatte es nach dem Gewinn des Ligapokals mit Hertha BSC gebraucht, bis Rudi Völler den aufstrebenden Abwehrspieler in den Kader des Vizeweltmeisters berief. Doch eigentlich, wenn wir vor zwanzig Jahren gefragt worden wären, warum wir heute dabei waren, wäre die Antwort gewesen: Marcelinho, Alex Alves und besonders der Neuzugang, der Weltmeister, Luizão. Also machten wir uns auf ins sich im Wandel befindliche Olympiastadion und orderten – stets knapp bei Kasse in Begleitung von jemanden, der aufs Geld schaute – selbstverständlich die billigste Karte. Und wo saßen wir im weiten Rund? Über dem Gästeblock, der spärlich mit Fans vom VfB Stuttgart gefüllt war.

Ob man mich heutzutage mit Karten im Oberring über dem Gästeblock selbst gratis zu Hertha BSC locken könnte, lasse ich bewusst offen.

Die Stimmung in schwindelerregender Höhe war schon mal besser als gedacht, da wir nicht die Einzigen unter den 50.000 Zuschauern in blau-weiß waren, die sich dort eingefunden hatten. In dieser Zeit war ja immer irgendwo Baustelle im Olympiastadion und somit der ein oder andere Block gesperrt, also traf man sich über Block G im Oberrang für 'n Zehner, falls mich meine Erinnerungen nicht trüben.

Der Gegner VfB Stuttgart, in ungewohntem Schwarz angetreten, trug an diesem Nachmittag jedenfalls nicht zur guten Laune bei. Schon nach vierzehn Minuten biss das Krokodil, nicht Fritzle das Maskottchen, sondern Sean Dundee zum 0:1 und die Frustration im Oberring stieg von Minute zu Minute. Besonders herrlich war, wie immer beim Fußball, die Kommunikation zwischen den Fans, als von oben den Gästen freundlich ein Schluck Bier und manchmal gleich ein ganzer Becher Kaltgetränk angeboten wurden. Stuttgart spielte an diesem Nachmittag wie eine typische Felix-Magath-Mannschaft und bot den Herthanern wenig an, um zurück ins Spiel zu finden. Diszipliniert wurde jeder Angriff der Herthaner wegverteidigt und Hertha biss sich trotz Preetz, Alves, Marcelinho, Goor und Zecke die Zähne an der vielbeinigen Verteidigung der Stuttgarter aus.

Stevens begann zu wechseln und die 50.000 Zuschauer wollten den Weltmeister, den Hoffnungsträger, im Sturm sehen. Im Olympiastadion fragte man sich, wann kommt Luiz Carlos Bombonato Goulart, kurz: Luizão? In der 71. Minute war es dann so weit. Der Arbeiter der Herzen und spätere Rekordspieler im Mittelfeld Pál Dárdai machte Platz für unsere Nummer neun, herzlich Willkommen in Berlin, bem-vindo Luizão.

Ab Minute 71 stürmte Hertha BSC also mit Pinto, Goor, Marcelinho, Alves und Preetz auf das gegnerische Tor und doch hielt Magaths Festung. Es war zum Verzweifeln und als fünf Minuten vor Schluss die ersten Fans resignierten, schlug die Stunde von Arne Friedrich. Den Abwehrspieler hielt es nicht länger hinten und so kam es, dass er, während sich alle Magath-Schützlinge auf den Weltmeister Luizão, den ehemaligen Torschützenkönig Preetz und dazu Marcelinho konzentrierten, Arne Friedrich, der Pokalheld von Verl mit dem Selbstbewusstsein eines frischgebackenen Nationalspielers, in raumgreifenden Schritten mit dem Ball am Fuß durchs Mittelfeld marschierte. Wie im Manga prallte der erste Gegenspieler an Friedrich ab, auch der zweite und der dritte und dann schloss Arne wie einst Tsubasa Ozora beherzt aus sechzehn Metern ab. Wie schon bei der legendären Fußballserie stand uns Fans im

Oberring der Mund offen, als der Ball durch den Strafraum zischte und Friedrichs ehemaliger U-21-Mannschaftskollege im Tor, Timo Hildebrand, der bisher noch jeden Schuss an diesem Nachmittag entschärft hätte, dieses eine Mal machtlos war. Der Ball zappelte im Netz, der Schiedsrichter zeigte auf den Mittelkreis, 1:1. Arne Friedrich hatte den Punkt für Hertha BSC mit einer phänomenalen Einzelaktion gerettet.

Für Friedrich war es der Anfang einer großartigen Bundesligakarriere und beim VfB Stuttgart der Start der jungen Wilden, die am Ende der Saison Vizemeister in der Bundesliga wurden. Diese Saison war der turning point in der Erzählung des Trainers Felix Magath, der vom Feuerwehrmann und Gelegenheitstrainer zum Erfolgscoach wurde.

Zusammenfassend hatte es sich gelohnt, an diesem Nachmittag ins Olympiastadion zu gehen und ein Stück Hertha-Historie erlebt zu haben.

Kapitän Arne

Zwei Jahre später, nach der EM 2004, bei der Arne Friedrich in allen drei Spielen in der Startelf stand und Michael Preetz seinen Abschied feierte, wurde der mittlerweile 25-Jährige der neue Kapitän von Hertha BSC. Arne Friedrich war zu keiner Zeit der beste oder talentierteste Spieler bei Hertha BSC, noch war er der beliebteste Mann in der Kurve, aber der Nationalspieler in der Verteidigung war vermutlich der meistrespektierte Spieler bei Hertha BSC. Arne Friedrich war in acht Jahren bei Hertha BSC der Spieler, an dem sich Neuzugänge orientieren konnten. Angekommen war ein junger Spieler von der Alm, der sich Stück für Stück für Berlin öffnete und über den sportlichen Tellerrand hinaus ein Gesicht dieser Stadt wurde und heute zurecht als „Berliner“ gilt. Arne Friedrich war ein wenig der Normalo, der die jungen Fans träumen ließ, es auch in die Bundesliga schaffen zu können, ohne sich dafür verstellen zu müssen oder besonders extrovertiert veranlagt sein zu müssen. Friedrich fiel im Gegensatz zum Enfant terrible Marcelinho nicht durch Skandale in der Stadtgesellschaft auf, sondern einfach dadurch, dass er präsent war. Friedrich nahm still und leise am Stadtleben teil, ohne als Kapitän von Hertha BSC das Rampenlicht für sich zu beanspruchen oder zu suchen. Das Rampenlicht kam zu ihm.

Und irgendwann in dieser Zeit zwischen der EM 2004 und der WM 2006 traf ich Arne Friedrich in einer vormals legendären Bar in der Hektorstr. In der *6Vorne Wodka Lounge,* kurz *6Vorne* feierte der Charlottenburger Adel, der Vodka wurde flaschenweise im Eiskübel serviert. In einer durchgestylten Bar mit klinisch weißem Interieur, in der ich mich anfangs fremd fühlte als zu arm, zu urban gekleidet und optisch zu wenig in der Mehrheitsgesellschaft verortet, bin ich über die Jahre heimisch geworden. Der Fußball war auch in diesem Fall der gesellschaftliche Kitt, der Menschen zusammenbrachte, denn Alen Aronov, der Wirt, hatte ein Herz für den Fußball und Hertha BSC. Und so entstand in einem Ambiente, das viele als Schickimicki-Bar bezeichnen würden, ein wunderbarer Kontrast, wenn die Leinwände runtergefahren wurden und der Beamer den grünen Rasen und den Ball auf den weißen Hintergrund projizierte und für die nächsten zwei Stunden anstatt David Guetta Marcel Reif oder Bela Rethy zu uns sprachen.

An einer dieser Abende saß dort auch Arne Friedrich so wie ich ganz ohne Grey-Goos-Pulle auf dem Tisch, sondern mit einer Apfelschorle. Vermuteten wir. Neben der Lounge oben gab es im *6Vorne* noch ein zweites Deck, das durch die Treppe vorbei am DJ-Pult zu erreichen war. Unten im Keller stand ein Kickertisch ganz prominent inszeniert und es kam, wie es kommen musste. Arne Friedrich, der Herthakapitän und Nationalspieler verschwand im Keller und von zu Zeit kamen wenig vergnügt ausschauende Gäste die Treppe hoch.

Wegen mir hätten wir nicht in den Keller gemusst, um Arne Friedrich beim Kickern zuzuschauen und erst recht nicht, um dem Fußballprofi, der sich über die Jahre in sämtlichen Trainingslagern und vermutlich täglich auf der Hertha-Geschäftsstelle die Hände wund gekickert hatte, herauszufordern.

Mein Kumpel ließ aber nicht locker und so nahmen wir die Treppen in den Keller, obwohl ich lieber weiter vergeblich versucht hätte, mit einer der Schönheiten am Nachbartisch Augenkontakt aufzubauen, um mich am Ende nicht zu trauen, die Dame anzusprechen. Also ab in den Keller. Schneller als gedacht fand ich absoluter Kickerstümper mich nach einigen Runden Wodka-Thai im

Oberdeck und daraus resultierender Schlagseite mit Arne Friedrich am Kicker wieder. Ich hatte unsere Chance auf einen Sieg niedrig eingeschätzt, dass aber unsere Chancen, überhaupt ein Tor am Tisch zu erzielen, noch viel niedriger sein sollten als gedacht, überraschte und überforderte mich. Dabei hatte ich mit ein wenig Smalltalk versucht, den Spitzensportler einzuwickeln. „Meinen Bruder, den kennst Du doch, das ist Dein Nachbar, ihr plaudert manchmal." Er hatte vermutlich keine Ahnung, von wem ich rede, gab sich aber Mühe, meinen Ausführungen zu folgen. Und dann wars genug mit dem Geschwätz: Friedrich und sein Kumpel spielten sich den Ball traumwandlerisch zielgerichtet durch die Reihen zu und danach folgte stets das unsägliche, nicht zu verteidigende Stürmerkarussell. Der Ball wanderte vom linken Außenstürmer zum rechten Außenstürmer, zurück zum Mittelstürmer und es erklang immer wieder ein hölzernes „Klong", wenn der circa zwanzig Gramm schwere Kunststoffball krachend ins Tor des Tischkickers knallte. Man merkte, Arne Friedrich war ein Sportsmann und erwies uns den nötigen Respekt, auch wenn wir in dieser Partie völlig chancenlos waren. Der Respekt bestand im Ansinnen, uns an diesem Kickertisch völlig in Grund und Boden zu spielen, kein Stück nachzulassen oder mitleidig auf Halbgas zu gehen. Klong! Klong! Immer wieder prallte der Kunststoffball völlig humorlos an das Tischende. Wenn

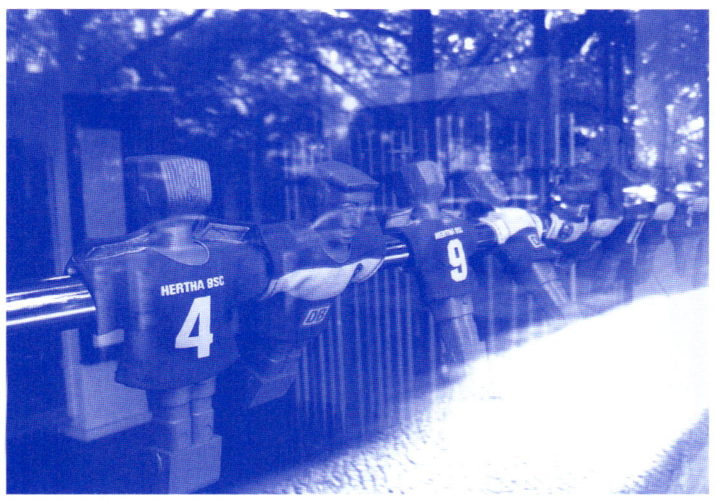

die Kickerfiguren unseres Teams ihre eisernen Fesseln hätten sprengen können, wären sie längst in der Kabine verschwunden gewesen.

So mussten die Spieler die Schmach am Tisch leise und stumm ertragen. Ball um Ball glitt an ihnen vorbei und als alles auf einen zu Null-Sieg hindeutete, sprach uns Arne ins Gewissen: „Strengt euch nochmal ein bisschen an, ihr seid heute bisher die Schlechtesten!" Mein Kumpel, der mit Niederlagen weitaus schlechter umgehen konnte als ich, bekam einen hochroten Kopf und wahrscheinlich ist es nur dieser Ansprache zu verdanken, dass wir noch zu einem Ehrentreffer kamen, den wir feierten, wie Mario Götze das Siegtor in Rio 2014. Als dann alles vorbei war, machten wir uns auf den Walk of Shame die Treppe hoch. Zahlen bitte!

Danke Arne!

Kevin-Prince Boateng

Vor dem Rückspiel der Relegation 2022 und einer langen Saison mit vielen Verletzungen und wenig Spielzeit gab es Stimmen, die Prince Boateng, der gegen den HSV 90 Minuten auf der Bank saß, zurufen wollten: Das bist nicht mehr du, das Supertalent aus der DAZN-Dokumentation „Underground of Berlin". Vielleicht war es sogar Trainer Felix Magath, selbst eine Legende auf dem Spielfeld und Torschütze zum 1:0-Siegtor im Finale des Europapokals der Landesmeister, der Boateng zurief: „Wir können es nicht mehr so gut wie früher. Wir haben uns verändert. Es ist jetzt so, als ob wir wieder gewöhnliche Menschen wären."

„Nein, Felix, du glaubst vielleicht, du hast dich verändert, aber man kann seine Persönlichkeit nicht ändern. Du kannst vielleicht den ganzen Reichtum und den Luxus, mit dem du dich umgibst, vergessen, weil das überhaupt nichts bedeutet, aber du und ich, wir haben nun mal keine andere Wahl: Wir sind mit dem Instinkt eines Kämpfers zur Welt gekommen, den kann man nicht einfach abschalten wie ein zu lautes Radio. Wir müssen uns immer wieder der Herausforderung stellen, denn wir sind Kämpfer. Ohne die permanente Herausforderung, sich immer wieder auf dem Feld beweisen zu müssen, könnte ein Kämpfer genauso gut tot sein, Felix!"

Dann machte Prince Boateng die Aufstellung für das Spiel, rief die Spieler zusammen und stellte sich seiner vermeintlich letzten Herausforderung auf dem Feld, wie Apollo Creed im Film Rocky IV, aus dem das Originalzitat stammt.

89 Minuten kämpfte Boateng in Hamburg gegen das Narrativ an, es sei ein Fehler gewesen, ihn zu holen. Er sei zu alt und zu verletzungsanfällig, um nicht nur 90 Minuten zu spielen, sondern der Mannschaft überhaupt helfen zu können. Doch am 23. Mai 2022 war es Prince Boateng, der voran ging, das Spiel dirigierte und die entscheidenden Zweikämpfe annahm, ohne sich zu schonen. Boateng gab alles, um Hertha BSC in der Bundesliga zu halten und am Ende gelang es dem Team, gemeinsam die Katastrophe, den Abstieg in die Zweite Bundesliga zu verhindern.

Doch die Saison ging an Prince Boateng, der während seiner Karriere in vier europäischen Topligen gespielt hatte und Titel gewann, nicht spurlos vorbei. Er, der vom neuem Geschäftsführer Sport Fredi Bobic das Vertrauen bekam, der Vocal Leader der Teams zu werden, hatte diese Aufgabe nur am Ende der Saison erfüllen können. Am hochbegabten Boateng nagte es, den Hertha-Fans nicht mehr gezeigt zu haben, sei es aus mangelndem Vertrauen der Trainer oder aufgrund seines streikenden Körpers.

So endete die Karriere von Boateng an diesem Abend nicht im euphorischen Jubel über den Klassenerhalt im Volksparkstadion. Boateng will im blau-weißen Trikot von Hertha BSC, in dem vor Jahren eine großartige Karriere begann, auch den Neuanfang mit Trainer Sandro Schwarz und Präsident Kay Bernstein mitgestalten.

Er selbst kam unter Dieter Hoeneß zu Hertha BSC, dem Jungen aus dem Wedding wurde eine Weltkarriere prophezeit. Doch so groß seine Liebe heute zu Hertha BSC heute ist, ebenso groß war damals die Ungeduld und der Unwillen, sich hintenanzustellen. Prince Boateng wurde zum Anführer der hochtalentierten Nachwuchsfußballer, die sich gegen die Etablierten verdienten Nationalspieler rund um Kapitän Arne Friedrich auflehnten.

In der Bundesliga deutete Boateng sein Potential bei seinen immer häufigeren Einsätzen bereits an und begeisterte nicht nur die Hertha-Fans. Die hatten das Supertalent, welches mit allen Wassern gewaschen war und sich in Punkto Ballbehandlung und Technik vor niemandem verstecken musste, spätestens seit der Deutschen

Meisterschaft in der B-Jugend auf dem Schirm. Boateng begeisterte als junger, unangepasster, aufstrebender Star auch Zielgruppen, die Hertha ansonsten skeptisch gegenüberstanden.

Kids mit Eltern aus aller Welt sehen sich durch Prince Boateng wie auch in seinen Bruder Jerome Boateng, Ashkan Dejagah und Chinedu Ede bei Hertha auf der großen Bundesliga-Bühne vertreten. Einer von ihnen hat es geschafft zu Hertha, in die Bundesliga und geht voran. Ein Vorbild für Berliner Kids dunkler Hautfarbe und Kids aus armen Verhältnissen ist geboren, auch wenn in den Medien oftmals von den „Ghetto Kids" die Rede ist und der Terminus die wahren Verhältnisse verkennt.

Für Boateng geht der Aufstieg zum Star bei Hertha BSC zu schnell, die Gräben in der Mannschaft werden immer tiefer und so wird aus dem großen „what if" ein überstürzter Abgang vor der Saison 2007/2008. Kevin sucht bei Tottenham Hotspur sein Glück, während sein Bruder Jerome zum HSV wechselt.

Lange Zeit galt Prince als das große Talent in der Familie Boateng. Die Karten wendeten sich Stück für Stück und spätestens nach der siegreichen U-21-Europameisterschaft des DFB, die für Prince mit einem Rausschmiss vor dem Turnier und für Jerome mit einem Titel endete, war das Rampenlicht auf den groß gewachsenen Verteidiger gewandert. Jerome Boateng wurde zum Liebling der Deutschen Medien, zum Testimonial gelebter Integration, während der Ruf von Prince, der fortan für die Nationalmannschaft von Ghana spielte, litt. Doch Prince war ein Kämpfer und tauchte über die Zeit wieder in der Bundesliga auf, spielte bei Dortmund oder Schalke, konnte sich aber nie in die Herzen der Bundesligafans spielen, auch weil er kurz vor dem WM 2010 Michael Ballack, den deutschen Kapitän, im Trikot von Southampton brutal abräumte und der Spieler des FC Chelsea somit die WM verpasste. Ab diesem Zeitpunkt war Prince Boateng eine persona non grata in Deutschland, obwohl Deutschland 2010 ohne Ballack eine erfolgreiche WM spielte und 2014 sogar Weltmeister wurde. Prince bleibt der Spieler, der bei Hertha rebellierte, aus der U-21 flog und Ballacks Karriere im DFB-Dress beendete.

In Italien beim AC Milan hingegen wird der umstrittene Berliner geliebt, sein Moonwalk auf der Meisterfeier der Rossoneri ist unvergessen. Doch an mehreren Stationen seiner Karriere machte ihm sein Knie zu schaffen und verhinderte die endgültige

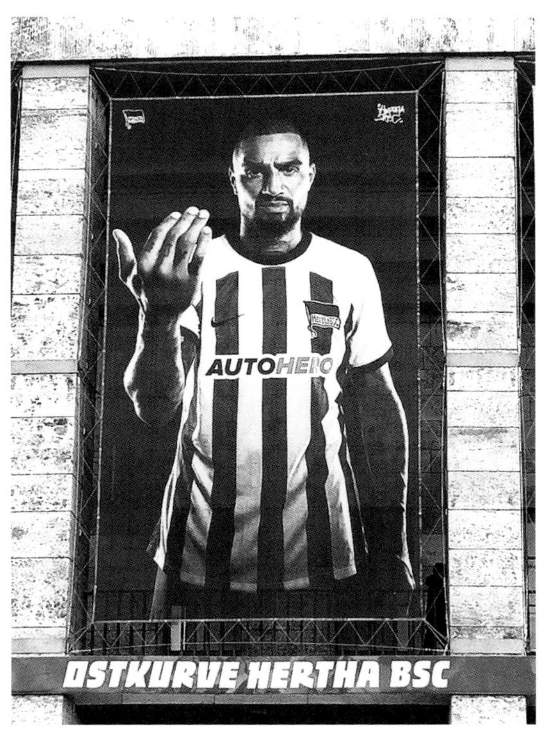

Etablierung in der Kategorie Weltklasse. Und irgendwo zwischen England, Spanien und Italien begann Prince, Heimweh zu entwickeln. Heimweh nicht nur nach Berlin, wo im Wedding längst ein Mural mit seinem Konterfei eine Hauswand schmückt, sondern auch Heimweh nach dem Verein, wo seine Reise begann. Es war wie ein Hilferuf, als Prince in Berlin auf dem Olympiagelände individuell trainierte – von Geschäftsführer Michael Preetz in Berlin ungehört, aber von Fredi Bobic, damals in gleicher Funktion bei Eintracht Frankfurt tätig, vernommen. Prince wechselte zu den Adlerträgern und gewann im Berliner Olympiastadion, seinem ehemaligen Wohnzimmer, 2018 in einem legendären Pokalfinale den DFB-Pokal. Weitere drei Jahre gingen ins Land, bis der Prinz zurück in Berlin war.

Aus der Idee, nach einer internationalen Karriere nochmal ein Jahr Hertha BSC dranzuhängen, wurden am Ende zwei Jahre. Seine Vertragsverlängerung gab Prince authentisch hinter der Dönertheke bekannt und versprach 2023 freie Döner im ersten Heimspiel der Saison 2022/23 gegen seinen ehemaligen Verein Eintracht Frankfurt.

Jordan

Ein letztes Abschiedsvideo kursierte am 19. Juli 2022 durch die Social-Media-Kanäle und dann war es bittere Gewissheit: Jordan Torunarigha wird Hertha BSC verlassen. Der Abgang eines Spielers aus der Hertha-Akademie schmerzt immer besonders, aber der Schmerz, den viele Herthaner im Netz formulierten, hatte in diesem Fall eine besondere Schwere. Zwar hatten es die Spatzen bereits von den Dächern gepfiffen, dass Torunarigha nach der Rückkehr von seiner Leihe zum KAA Gent seinen 2023 auslaufenden Vertrag bei Hertha BSC nicht verlängern wollte, trotzdem tat der Moment der Wahrheit, als der Transfer verkündet wurde, weh, sehr weh. Nach dem Pokalsieg in Belgien mit Gent schwebten Jordan andere Ziele vor als Abstiegskampf mit Hertha BSC. In Gent war Jordan in der Innenverteidigung gesetzt und musste die Konkurrenz, die ihm bei Hertha BSC immer wieder vor die Nase gesetzt wurde, nicht fürchten.

Kurz hatten wir noch Hoffnung, dass das Herthamärchen mit einem Spieler, der sechzehn Jahre das blau-weiße Trikot getragen hatte, noch nicht zu Ende war. Genährt wurde diese kleine Hoffnung für uns Fans aus dem Umstand, dass unerwartet Gerüchte um eine anstehende Vertragsverlängerungen durch die Presse gingen. Doch schnell zerschlug sich die Aussicht auf ein gutes Ende und machte dem leidigen Warten auf die Verkündung eines Transfers Platz. Die Premier League war das Ziel und internationale Vereine schienen interessiert.

Und dann ging es plötzlich ganz schnell, noch ein Treffer beim Testspiel im Trainingslager, den Torunarigha ohne jede Regung zur Kenntnis nahm und Jordan machte sich schon kurz nach Abpfiff auf den Weg zu seinem neuen Verein. Zurück nach Gent. Die Belgier waren plötzlich doch bereit, die Ablösesumme von vermeintlich 3,5 Millionen Euro zu zahlen, und so zog es Jordan zurück nach Belgien.

Sechzehn Jahre bei Hertha BSC machen etwas mit einem. Einige Fans haben Jordan schon im Olympiapark kicken sehen, als er noch als Stürmer in den U-Mannschaften auflief, auch wenn die meisten

Fans ihn nur als Innenverteidiger kennen dürften. Jordan, als Jugendspieler mit einem riesigen spielerischen Potential gesegnet, gewann die Herzen der Fans im Sturm auf und abseits des Spielfelds, auch durch seine leidenschaftliche Spielweise. Auf dem Feld wollte er immer führen, einleiten, vorbereiten, statt statisch zu verteidigen. Manchmal wollte Jordan zu viel, wenn er sich über Spielzeit und Perspektive beschwerte, sich aber quasi zeitgleich verletzte und nicht zur Verfügung stand. Ich als Fan hatte oftmals das Gefühl, die Verantwortlichen mussten Jordan oft vor sich selbst, vielmehr vor seinem Körper schützen, wenn er aus einer Verletzung kommend zu schnell wieder aufs Feld wollte. Möglicherweise hätten sie Jordan sogar noch mehr schützen müssen. Aber Hertha spielte meist gegen den Abstieg, oftmals war Not am Mann und das ein oder andere Mal kam der Einsatz vielleicht zu früh, weil es für die Trainer schwierig war, einen mit so viel spielerischem Potential gesegneten Spieler auf der Bank zu lassen, wenn die klar besseren Alternativen fehlten oder die teuren Spieler patzten. Mit der Leihe nach Gent durchbrach Jordan den Zyklus aus Ungeduld, Verletzung, Unzufriedenheit und rarem Glück bei Hertha BSC. Er konnte zeigen, was er wirklich im Stande war, auf dem Feld zu fabrizieren. Wir Hertha-Fans litten mit Torunarigha, dem der geneigte Beobachter seinen Gemütszustand auf dem Feld oder der Bank direkt im Gesicht ablesen konnte.

Jordan stand für die großen Emotionen, wenn er sich ungerecht behandelt fühlte und sich selbst von seinen Mitspielern kaum beruhigen ließ und schenkte uns im Gegenzug auch zwei emotionale Momente, die ich herausheben möchte.

Im Oktober 2019 traf Hertha in der zweiten Runde des DFB-Pokals auf Dynamo Dresden. Meine Begeisterung über das Los hielt sich in Grenzen. Die Vorstellung der *OST-OST-OST-Deutschland*-Sprechchöre im Olympiastadion aus den Kehlen tausender Sachsen lösten bei mir nicht die größte Vorfreude aus. Dennoch waren die Karten schnell gekauft und wir trafen uns am Stuttgarter Platz zu Curry, Pommes und Schulle. Der *Hecht* war schon zu großen Teilen in gelb-schwarzer Hand. Ich sah bei den Fans von Dynamo, als man sich hautnah gegenüberstand, keines meiner Vorurteile bestätigt, ganz im Gegenteil. Gemeinsam wurde sich mit Kurzen, Schulle und allen sonst noch gängigen Getränken auf das Spiel eingestimmt und was soll ich sagen, die Jungs aus Sachsen traten stimmgewaltig auf.

Wir hielten mit blau-weißen Sprechchören dagegen. Es ist diese Vorfreude auf das Spiel, das gemeinsame Singen, das gegenseitige Frotzeln zwischen den Fanlagern, was sich nach echtem Fußball anfühlt, es ging im Stadion genauso weiter. Die tausenden Dynamofans im Westen des Stadions rollten über dem Marathontor ein riesiges Dynamo-Dresden-Logo aus und der Wettstreit um das beste und lauteste Lied, den besten Support im stets neutralen Olympiastadion begann. Beide Vereine gestalten diese zweite Runde im Pokal wie ein Pokalfinale, während auf dem Spielfeld vor knapp 70.000 Zuschauern leidenschaftlich um den Sieg gerungen wurde. Zur Halbzeit lag Hertha 0:1 zurück und führte fünf Minuten vor Ende dann doch mit 2:1, durch Tore von Dodi Lukébakio und Ondrej Duda.

Der Mittwochabend war für mich an diesem Punkt innerlich bereits abgehakt. Fünf Minuten den Zweitligisten am langen Arm verhungern lassen, kurz die Mannschaft feiern, ab zu Max und Moritz an der Wilmi einen Döner ziehen, ging mir durch den Kopf, als Patrick Ebert, unser ehemaliger *Rowdy*, in der 90. Minute zum Ausgleich traf und der Wahnsinn seinen Lauf nahm. Drei Minuten zuvor war Jordan für Duda eingewechselt worden, um hinten mit abzusichern. Stattdessen ging das Spiel in Verlängerung und Dresden dreizehn Minuten vor Schluss in Führung. Dieses Mal bereiteten sich die Anhänger von Dynamo auf die Siegesfeier am Marathontor vor, während Hertha alles nach vorne warf. Die Hoffnung schwand von Minute zu Minute, aber es war Jordan Torunarigha, der mit dem letzten Angriff einen Donnerschuss im Strafraum der Dresdener ins Netz feuerte und somit uns Herthaner hinter dem Tor in Ekstase versetzte. Der Abpfiff der Verlängerung ging im Jubeln, Schreien und Hüpfen völlig unter. Im Elfmeterschießen behielt Hertha am Ende die Oberhand durch zwei gehaltene Elfmeter von Thomas Kraft und zog in die nächste Runde ein. Der Held des Tages war aber Jordan Torunarigha, der Schütze des Last-Minute-Ausgleichstreffers.

Die nächste Runde des DFB-Pokals fand bereits im neuen Jahr statt und Hertha BSC war nicht mehr der gleiche Verein. Nach dem Einstieg von Lars Windhorst war Hertha BSC zum „Winter-Transfer-Weltmeister“ avanciert, Jürgen Klinsmann war Trainer der Alten Dame und Jordan? Jordan stand in der Startelf beim Auswärtsspiel in Gelsenkirchen. Nach 39 Minuten führt Hertha bereits komfortabel und nichts deutet darauf hin, dass dies ein für Hertha-Fans unvergesslicher Abend werden würde. Es ist nicht unbedingt der Doppelschlag kurz vor Ende der Spielzeit, der Hertha-Fans in Erinnerung blieb, oder das späte Siegtor der Gelsenkirchner. Geschenkt! Wir werden uns immer daran erinnern, wie hart unser Spieler, ein Kind des Vereins Hertha BSC, von Anhängern in der Veltins Arena angegangen wurde, so dass Jordan noch auf dem Feld die Tränen in den Augen standen. Und wir werden nicht vergessen, dass Schiedsrichter Harm Osmers die Hinweise ignorierte, dass von der Tribüne Affenlaute in Richtung unseres Spielers kamen und er sich weigerte, Maßnahmen im Sinne des Drei-Stufen-Plans aufgrund von rassistischen Äußerungen einzuleiten. Ganz im Gegenteil: Er stellte Torunarigha sogar im Verlauf der Verlängerung noch mit Gelb-Rot vom Platz, als dieser an der Außenlinie umgesenst wurde und in die gegnerische Bank samt Trainer und Getränkekiste rutschte, die er im Anschluss wütend zu Boden schmetterte.

Nach knapp zwei Tagen brach Torunarigha sein Schweigen und äußerte sich bei Instagram zu den Vorkommnissen in Gelsenkirchen: Er könne Äußerungen „von einigen Idioten“ nicht verstehen: „Man kann sich seine Hautfarbe bei der Geburt nicht aussuchen, und sie sollte auch völlig egal sein. Genauso selbstverständlich wie unterschiedliche Hautfarbe, Religion oder Herkunft unter uns Sportlern in der Kabine ist, sollte es auch in unserer Gesellschaft sein!“

Eine Reaktion der Fanszene ließ nicht lange auf sich warten und so wurden vor dem nächsten Heimspiel gegen Mainz 05 sämtliche Kräfte mobilisiert und nach Idee der Axel Kruse Jugend hielten tausende Fans vor dem Spiel in der Ostkurve Zettel mit der 25, der Nummer von Jordan Torunarigha hoch, um sich solidarisch zu zeigen. Gemeinsam mit dem Banner GEMEINSAM GEGEN RASSISTEN! NOTFALLS MIT GETRÄNKEKISTEN! #25. Selbst Frank Zander hielt eine ausgedruckte 25 in die Kamera, während er *Nur nach Hause* vor der Ostkurve anstimmte.

Es war wunderschön, zu sehen, wie sich der Verein, die Kurve und die Fans weiterentwickelt hatten, seit ich das erste Mal bei Hertha BSC war. Diese Situation hatte uns geprüft und herausgefordert und an der Stelle, wo früher ganz viele standen, die vor allen Dingen stolz waren, Deutsche zu sein oder Republikaner-Sprechchöre anstimmten, standen jetzt ganz viele empathische Fans, die sich vor ihren Spieler stellten und ein Zeichen setzten gegen Rassismus.

Die Legende von Marcelinho

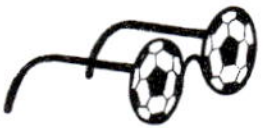

In der 130-jährigen Geschichte des Vereins wurden viele Spieler auf dem Rasen zu Legenden. *Hanne* Sobeck führte die Meistermannschaft als Kapitän aufs Feld, Pál Dárdai bestritt die meisten Bundesligaspiele und Michael Preetz traf am häufigsten für die Alte Dame ins Netz, doch der größte Herthaner aller Zeiten ist meiner Meinung nach ein Mann aus Campina Grande.

Marcelo dos Santos aka *Marcelinho* schaffte das Kunststück, im Olympiastadion im Trikot von Hertha BSC mehr als eine Generation Hertha-Fans zu begeistern und gleichzeitig eine weitere Generation von Hertha-Fans zu prägen. Vom Kind bis zum Greis waren nach dem Millennium fünf Jahre lang alle auf der Tribüne vom extravaganten Brasilianer fasziniert. Allein der Name Marcelinho bereitet vielen Fans noch heute Gänsehaut und lässt uns Fans in Erinnerungen schwelgen.

Wann immer der spielfreudige Brasilianer für Hertha die Schuhe schnürte, zauberte er den Menschen im Olympiastadion ein Lächeln auf die Lippen. Marcelinho war der Dirigent im Olympiastadion, er gab dem blau-weißen Takt vor und sorgte allzu oft im Spiel der Alten Dame für die lauten Töne und den Schlussakkord, wofür ihm die Zuschauer huldigten. Ähnlich rasant hatte im Olympiastadion nur Jesse Owens die Herzen der Berliner erobert. Dabei war Berlin seine Liebe auf den zweiten Blick, denn das eigentliche Ziel von Marcelinho in Europa hieß Marseille.

Olympique de Marseille

In Marseille, der ersten europäischen Station, wirkte der Künstler Marcelinho nach seiner Ankunft in Frankreich nicht wie der neue schillernde Superstar, sondern eher wie sein bürgerliches Ich, Marcelo dos Santos. Der Neuzugang bei l'OM trägt weder die Nummer zehn, die Nummer der großen Spielmacher, noch knallrote Schuhe oder blonde Haare und verliert sich in einem überdimensional wirkenden Trikot von Olympique de Marseille. Dabei ist es nicht der durchaus großzügige Trikotschnitt der Nullerjahre, der den Eindruck entstehen lässt, das Trikot sei zu groß für den Spielmacher, sondern es ist Marcelinho selbst, der noch zu schmächtig und zu introvertiert wirkt, um das Trikot eines ehemaligen Champions-League-Siegers zu tragen.

Dabei hatte Marcelinho vor seinem Wechsel nach Europa schon, wie einst Pelé für den großen FC Santos oder den FC São Paolo in Brasiliens höchster Liga der Série A in den großen Stadien gespielt, bevor er sich entschied, nach Europa in die Hafenstadt Marseille zu wechseln. Die Erwartungen an *Paraíba*, wie Marcelinho damals in Anlehnung an seine Heimatregion noch gerufen wurde, waren hoch. Für den neutralen Zuschauer schien die Welt in Ordnung zu sein, als die 61. Minute am fünften Spieltag der Saison 2000/2001 lief und Marcelinho im Stade Vélodrome vor 51.893 Zuschauern den Ball im Strafraum in abseitsverdächtiger Position von Ibrahima Bakayoko zugespitzelt bekam. Im vorherigen Ligaspiel hatte Paraíba sein erstes Tor per Freistoß erzielt und jetzt blitzte wieder die in Berlin später beschworene Genialität des Spielmachers auf. Gekonnt antizipierte der Brasilianer im Trikot von l'OM den Pass, stellte clever seinen Körper zwischen Ball und Verteidiger und verwandelte den Ball in seinem dritten Einsatz in der Ligue 1 traumwandlerisch sicher zum 2:0.

Marcelinhos Jubel war anders als später in Berlin, wenn er gezielt die Nähe der Fans in der Ostkurve suchte, nach dem Wappen griff und die Herthafahne küsste oder in die Kamera hielt. In Marseille war es ein kurzer Jubel vor der Nordkurve, die Distanz zu seinen Mitspielern konnte nicht größer sein. Der 25-Jährige jubelte routiniert, aber allein. Später würde er dem Tagesspiegel sagen, dass er sich in Marseille einsam gefühlt habe und es ihm nicht gut ergangen sei.

Über die Wochen und Monaten schwand das Mojo Marcelinhos zusehends. Der Neuzugang vom FC Sao Paulo blieb hinter den Erwartungen zurück, spielte kaum mehr 90 Minuten und sah seine Einsatzzeiten weiter schwinden, als nach lediglich vier Monaten der brasilianische Trainer Abel Braga entlassen und durch den Spanier Javier Clemente ersetzt wurde.

Marseille steckte nicht nur im Abstiegskampf. Der Verein hatte auch finanzielle Sorgen und stand zeitweise vor dem Bankrott.

Weit weg von Marseille streifte sich Marcelinho am 20. Januar 2000 beim Auswärtsspiel in Thaon-les-Vosges im Coupe de France ein letztes Mal das Trikot von Olympique Marseille über. Für dreiundzwanzig Minuten. Dann ging es zurück nach Brasilien. Pünktlich zum Karneval war Marcelinho zurück in Brasilien. Au revoir Marseille, bom dia Porto Alegre.

Grêmio Porto Alegre

Marcelinho tauschte das weiß-blaue Trikot von Olympique de Marseille gegen das dreifarbige von Grêmio Porto Alegre. Den Transfer des Mittelfeldstars ließ sich Grêmio circa 8,6 Millionen Mark kosten, ein Schnäppchen! Marseille hatte nur ein halbes Jahr zuvor 16 Millionen Mark an Sao Paulo überwiesen. Dabei war bei Grêmio (immerhin Weltpokalsieger 1983) auf Marcelinhos Position im offensiven Mittelfeld der fünf Jahre jüngere Ronaldinho (das seinerzeit größte Talent im brasilianischen Fußball, vielleicht sogar im Weltfußball) gesetzt. Die Rolle des Stars im offensiven Mittelfeld war bei Grêmio also bereits vergeben. Doch Ronaldinho, der mit der Seleção bereits die Copa América gewonnen hatte und Torschützenkönig des Confed Cups 1999 geworden war, ist seinem Heimatverein längst entwachsen. Ein Wechsel zu PSG liegt in der Luft und zwischen Ronaldinho und Grêmio herrscht Eiszeit. So richten sich die Augen auf Neuzugang Marcelinho, mit dem Grêmio in der Regionalmeisterschaft von Rio Grande do Sul antritt. Mit den Fans von Grêmio im Rücken findet Marcelinho im Estádio Olímpico Monumental wieder zu alter Stärke.

Lange bevor Marcelinho mit drei Treffern in den Finalspielen Grêmio zur Staatsmeisterschaft verhalf, saß Dieter Hoeneß schon auf der Tribüne. Der Manager stand unter Zeitdruck, denn bevor sich die elf Treffer in vierzehn Spielen für Grêmio herumsprachen, wollte Hoeneß den Transfer zu Hertha BSC festmachen. Doch die Verhandlungen gestalteten sich schwierig, denn Herthas Geschäftsführer Sport musste gleich mit drei Parteien verhandeln. Neben Marcelinhos Agenten Luiz Taveira sitzen Vertreter von Grêmio, aber auch von Olympique Marseille am Verhandlungstisch. Die Franzosen hielten noch Rechte am veräußerten Spieler aufgrund der Einräumung einer Ratenzahlung an Porto Alegre. Die Uhr tickte für Hoeneß in diesem Poker immer lauter. In Brasilien standen die großen Spiele an: Grêmio spielte mit Marcelinho in der Copa do Brasil auf der großen Bühne und es war nur eine Frage der Zeit, bis weitere Parteien aus Europa bei dem Poker einstiegen. Der brasilianische Pokalwettbewerb wird anders als der DFB-Pokal vor der Liga ausgetragen und kompakt ausgespielt. Grêmio schaffte es auch Dank Toren von Marcelinho bis in Finale der Copa. Im Finale traten

Corinthians São Paulo gegen Grêmio Porto Alegre in Hin- und Rückspiel an. Dieter Hoeneß wird dieses Finale entspannt verfolgt haben, vielleicht mit einer Zigarre und einem Glas Whiskey, denn als Herthas Wunschspieler im Rückspiel des Finales in São Paulo zum umjubelten 3:1 -Endstand sein fünftes Tor in der Copa Brasil erzielte, war der Wechsel zu Hertha BSC bereits beschlossene Sache. 7,5 Millionen Euro Ablöse sollte der frisch gebackene brasilianische Pokalsieger Hertha BSC kosten.

Eine große Euphorie bei Bekanntgabe der Verpflichtung des Pokalhelden brach im April 2001 in Berlin allerdings nicht aus. Grund war unter anderem, dass mit Alex Alves bereits ein Brasilianer im Berliner Sturm spielte, der erhebliche Anpassungsprobleme mit der deutschen Sprache und in der Bundesliga hatte. Um die Jahrtausendwende fehlt den lokalen Medien und Anhängern zudem die Möglichkeit, den Neuzugang bereits im Vorfeld zu verfolgen. Bilder aus der Ligue 1 oder der brasilianischen Série A waren nicht auf Knopfdruck erhältlich. YouTube-Highlight-Videos gibt es noch nicht. Großes Vertrauen in Dieter Hoeneß und seinen Glauben, einen Coup gelandet zu haben, bestand bei Verkündung des Transfers im Umkreis von Hertha BSC jedenfalls nicht. Der geneigte Hertha-Fan stand der zweiten Verpflichtung eines Brasilianers in der Geschichte von Hertha BSC eher skeptisch gegenüber. Marcelinho selbst versprach im ersten Interview mit dem Tagesspiegel mindestens zehn Tore und bescheinigte Hoeneß einen guten Deal. „Jetzt, nachdem ich mit Grêmio Porto Alegre den brasilianischen Pokal gewonnen habe, wäre der Preis für mich sicher noch höher. Im Endspiel gegen Corinthians in São Paulo am 17. Juni habe ich ja auch noch das letzte Tor geschossen. Und es sind nun einmal die Tore, die einen Stürmer immer wertvoller machen."

Verspätete Ankunft

Das erste Trainingsspiel der Saison 2001/2002 gegen die Oberligamannschaft der Reinickendorfer Füchse sollte Herthas Neuzugang von der Tribüne im Jahn-Sport Park aus verfolgen. Doch schnell lernten die Verantwortlichen von Hertha BSC, dass sie sich bei der Planung der Vorbereitung darauf verlassen konnten, dass ihr Star verhindert war. Der eintausendvierhundertneunte Zuschauer fehlte beim Testspiel auf den Rängen, während sich seine Kollegen auf dem Rasen gegen die Reinickendorfer schwerer taten als erwartet. Aus „flugtechnischen Gründen", so war die Sprachreglung bei Hertha BSC, fehlte der Neuzugang noch. Bei Hertha war man zuversichtlich, dass der Brasilianer in den Abendstunden in Berlin landen würde. Daraufhin versammelten sich am Flughafen Berlin Tegel die Presse, die Fans und Dieter Hoeneß. Die Gruppe musste erneut lange auf Berlins neuen Spielmacher warten.

Um 20:26 Uhr wechselte schließlich die Anzeige des Flugs aus Paris von „landing" auf „landed" und kurze Zeit später öffnen sich die Tore der Ankunftshalle nach Berlin und der Spieler, dessen Dribblings, Tore und Eskapaden für die Ewigkeit bleiben werden, betrat wie ein Rockstar mit blondiertem Haar und Goldkette behangen unter *Marcelinho*-Sprechchören mit zweieinhalb Stunden Verspätung Berliner Boden, um gleich von Berliner Fans umringt zu werden. Die Herthaanhänger zückten die damals üblichen etwas klobig anmutenden silberglänzenden Fotokameras, denn Geräte für die Hosentasche wie Smartphones und Digitalkameras wurden erst später handelsüblich. Lange bevor das Selfie erfunden wurde und jedes Foto sofort online bei Instagram landet, knipsten die Fans fleißig drauf los, während Marcelinho Autogramm um Autogramm schrieb. Ob es eins dieser Fotos in ein Fotoalbum geschafft hat oder heute gerahmt als Erinnerung an einer Wohnzimmerwand hängt, wissen nur die Fans, die an diesem Abend am Flughafen standen. Das eigentliche Empfangskomitee rund um Dieter Hoeneß musste sich mit der Begrüßung ihres neuen Spielers gedulden, bis die Wünsche der Fans erfüllt waren. Die Delegation bekam einen Vorgeschmack darauf, welche Euphorie Marcelo dos Santos aka Marcelinho Paraíba in der Hauptstadt noch auslösen sollte.

Tor des Monats

Vom Trubel rund um Marcelinhos Ankunft bekam ich nur entfernt etwas mit. Ich musste vorerst aus der Ferne verfolgen, was sich bei Hertha in Berlin tat. Kaum hatte ich mein Abitur abgelegt, wurde ich zur Bundeswehr einberufen und weilte an einem Ort namens Breitenburg bei Itzehoe. So kam es, dass ich und ein anderer Icke, sprich, ein weiterer Berliner, am Standort eines Abends alleine im Vorführraum der Kaserne saßen und uns auf die Übertragung des Ligapokals freuten. Der Ligapokal war meiner Meinung nach eine gute Sache – die Bundesliga tourte seit 1997 mit insgesamt fünf Spielen bestehend aus Vorrunde, Halbfinale und Finale durch Deutschland und brachte Partien zwischen den Top-Teams der Liga in Gegenden, die normalerweise nicht mit Bundesligafußball in Berührung kamen. Leider wurde 2007 unter dem Druck der Trainer und Manager, die sich über die Pflichtspiele inmitten der Saisonvorbereitung beschwerten, das Mini-Turnier, an dem ursprünglich die Top 6 der Bundesliga teilnahmen, verkleinert und der offiziell zu vergebende Titel der Veranstaltung entzogen.

Im Juli 2001 trat Hertha BSC als Bundesligafünfter der Vorsaison vor 14.400 Zuschauern in Dessau gegen den Tabellenvierten Bayer Leverkusen an. Hertha traf an diesem Abend mit einem der besten Jahrgänge der Herthahistorie auf ein Leverkusenteam um Michael Ballack, welches sich später in der gleichen Saison im Champions-League-Finale knapp Real Madrid geschlagen geben musste. Doch dies war am 12. Juli noch Zukunftsmusik. Herthas Mittelfeld, bestehend aus Marcelinho, Beinlich, Goor und Deisler hinter einem Sturm aus Preetz und Alex Alvez weckte Erwartungen auch außerhalb von Berlin. Bei allen Vorschusslorbeeren an das neu formierte Mittelfeld kam das, was in 49. Minute passierte, unerwartet. Zwischen Hertha BSC in den mittig blau-weiß geteilten Trikots und Bayer 04 stand es noch 0:0, als Marcelinho, zu diesem Zeitpunkt noch mit der Nr. 30 in roten Ziffern unterwegs, einen seiner genialen Momente hatte. Im ersten Pflichtspiel in Blau-Weiß nahm sich der Brasilianer ein Herz und zog aus fünfundzwanzig Metern den Ball aufs Tor und an diesem Ball war für Jörg Butt im Tor der Leverkusener nichts, aber auch gar nichts, zu halten.

Jubel unter den Herthaanhängern in Dessau, Jubel in der Bundeswehrkaserne in Breitenburg – es gab eine Premiere zu feiern. Nach Marcelinhos Treffer tanzten Alex Alves und er zum ersten Mal die Capoeira gemeinsam. Hertha gewann das Spiel gegen den

Champions-League-Teilnehmer am Ende mit 2:1. Mit einem überragenden Marcelinho, der auch am zweiten Tor durch Sebastian Deisler beteiligt war.

Es ist der Sommer, in dem Träumen in der Hauptstadt nach weiteren Siegen gegen den Deutschen Meister Bayern München (1:0) und Gelsenkirchen (4:1) im Finale des Ligapokals offiziell erlaubt war. Die Spielfreude, die Marcelinho bei Grêmio Porto Alegre wiedergefunden hatte, steckte seine Mitspieler an und Hertha BSC gewann mit dem Ligapokal den ersten offiziellen Titel seit siebzig Jahren. Es war nach dem Turnier nicht vermessen, von der Deutschen Meisterschaft zu träumen und das taten wir. Unsere Hoffnungen lagen auf Marcelinho, dessen Treffer bei seinem Debüt direkt zum Tor des Monats gewählt wurde.

Seleção

Im vielleicht besten Herthakader der Bundesligageschichte machte Marcelinho nach seiner erfolgreichen Zeit in Südamerika, nach dem Gewinn des Ligapokals mit Hertha BSC (inklusive des Tores des Monats) weiterhin nicht nur in Deutschland, sondern auch in Brasilien von sich reden. Im Vorfeld des WM-Qualifikationsspiels Brasiliens am 15. August 2001 erschien bei drei Bundesligaakteuren eine brasilianische Nummer auf dem Display. Die Nummer war bei Giovane Élber vom FC Bayern München und Lúcio von Bayer Leverkusen bereits unter Luiz Felipe Scolari, seines Zeichens neuer Nationaltrainer Brasiliens, gespeichert.

Nach zwei Niederlagen in drei Spielen in der WM-Qualifikation wählte der ehemalige Meistertrainer von Grêmio Porto Alegre schließlich auch die Nummer von Marcelo dos Santos aka Marcelinho und machte ihn damit zum Nationalspieler. Und Marcelinho reiste an, streifte sich das legendäre gelbe Trikot der Seleção über und tat, was Marcelinho tut, er traf. An dem Ort, wo er sich sein Selbstvertrauen nach seiner missglückten Zeit in Europa wiedergeholt hatte, im Estádio Olímpico Monumental. Vor seinen, den Fans von Grêmio Porto Alegre, schloss sich für Marcelinho der Kreis, als er das 1:0 erzielte und Brasilien auf den richtigen Weg in Richtung WM-Qualifikation 2002 brachte.

Zu diesem Zeitpunkt sprach alles dafür, dass er auch bei der WM 2002 als Spieler in Südkorea und Japan auf dem Feld stehen würde. Doch es kam anders und das Duell im WM-Finale zwischen seiner neuen Heimat Deutschland und seiner Heimat Brasilien musste Marcelinho im zwei Jahre zuvor eröffnetem Sony Center mit 2.500 weiteren, meist deutschen Anhängern verfolgen. Marcelinho saß als Experte beim ZDF in Berlin, während seine Kollegen und ehemaligen Mitspieler um Ronaldo, Ronaldinho und Rivaldo im 8.932 Kilometer entfernten Yokohama Weltmeister wurden. Doch was war passiert? Warum hatte Luiz Felipe Scolari, der ihn erst zur Nationalmannschaft geholt hatte, nicht mit nach Japan und Südkorea genommen? Warum war nach fünf Spielen in der Seleção Schluss für Marcelinho?

Vielleicht ist das Jahr 2002 das Jahr, in dem Brasilien die größte Dichte an Talenten in seiner langen Fußballhistorie aufweisen konnte und Marcelinho zählte ohne Zweifel dazu. Sicherlich kein Jahrhunderttalent wie Ronaldinho *Gaúcho*, das Wunderkind aus Porto Alegre oder körperlich prädestiniert für eine Weltkarriere wie Ronaldo im Sturm, der für die ganz großen Vereine seine Schuhe schnürte, aber letztendlich trennte Marcelinho nicht viel von den ganz großen Brasilianern, von den Legenden, von den Spielern, von den man sich noch in fünfzig oder hundert Jahren erzählen wird.

Es ist Marcelinho, der sich letztlich selbst im Weg steht, eine Weltkarriere einzuschlagen. Fühlte er sich in Marseille noch allein, zog er in Berlin stets mit einer Entourage aus bis zu zehn Leuten um die Häuser. Neben dem Leben als professioneller Fußballer, welches aus täglichem Training und damit verbundenem Konkurrenzkampf um die Startelfplätze und Spielminuten bestand, brachte er die Energie auf, das Leben in der Partymetropole Berlin um den Jahrtausendwechsel in all seinen Facetten auszukosten. Doch das Berliner Nachtleben wird Marcello, wie er in Berlin immer häufiger genannt wird, zum Verhängnis. Im Rahmen seines Abschiedsspiels rekonstruiert die Morgenpost die Ereignisse des Winters 2002 folgendermaßen: „Doch dann kam die eine Winternacht in Berlin. Erst die Drinks in einer Disco, dann der breite Kaiserdamm, das Gaspedal des Mercedes Cabrio immer wieder kurz durchgedrückt, bis auf 120 Sachen. Laut Polizeiprotokoll brauchte die Streife mehr als einen

Kilometer, um ihn einzuholen. 1,27 Promille, nicht angeschnallt – Marcelinho wanderte in der Nacht in die Gefangenensammelstelle, erhielt später ein Jahr Fahrverbot.“

Nach Bekanntwerden der Alkoholfahrt endete Marcelinhos Karriere in der Seleção abrupt. Luiz Felipe Scolari nominierte Herthas Mittelfeldstar nicht mehr für die Nationalmannschaft und auch seine Nachfolger verzichteten auf eine Nominierung. Ohne Pressekonferenz oder öffentliche Verlautbarung wurde Marcelinho still und leise aussortiert.

Diese Nacht wird Herthas Shootingstar nie wieder vergessen, denn er hätte es sein können, Brasiliens Pokalheld der Saison 2001, der in der 85. Minute für Ronaldinho ins Finale der WM 2002 gegen Deutschland eingewechselt wurde, anstatt eines Juninho Paulista oder Denílson.

Für Hertha BSC hingegen machte er 33 von 34 Spielen in der Bundesliga und stand immer in der Startelf, erschien auch nach längeren Nächten zum Training und war in einer hochtalentierten Elf mit Spielern wie Beinlich, Deisler, Zecke oder Alves der dominante Spieler. In seiner Bundesliga-Auftaktsaison traf er in allen Wettbewerben und erzielte insgesamt siebzehn Tore und fünf Vorlagen. Obwohl Marcelinho bei Hertha BSC in blau-weiß brillierte und zum Publikumsliebling avancierte, reichte es für das Team trotz des fulminanten Starts im Ligapokal 2001 nicht für die Deutsche Meisterschaft. Hertha BSC schlug zwar Topteams wie Bayer 04 Leverkusen und Bayern München, schickte den HSV mit 6:0 nach Hause, verstolperte aber Punkte gegen Aufsteiger FC Sankt Pauli oder Energie Cottbus. Hinzu kam Verletzungspech bei Leistungsträgern wie Stefan *Paule* Beinlich und Sebastian Deisler, was Hertha ausrechenbarer machte und wichtige Punkte in der Meisterschaft kostete. Die Alte Dame punktete nicht konstant genug, was Jürgen Röber bereits nach der Winterpause den Job kostete, obwohl der Trainer mit Dieter Hoeneß bereits Einigkeit darüber erzielt hatte, das Amt nach der Saison niederzulegen.

Sein Nachfolger hieß Falko Götz und unter Götz erreichte Hertha doch noch das internationale Geschäft. Es reichte am Ende trotz eines starken Marcelinhos nur für Platz vier, der in der Bundesligasaison 2001/2002 noch nicht zur Champions-League-Teilnahme berechtigte.

Schlimmer als die gescheiterte Qualifikation war für Hertha BSC der gescheiterte Plan, um Herthas Nationalspieler Sebastian Deisler die Mannschaft der Zukunft zu bauen. Deisler, den selbst Marcelinho nach eigener Aussage für seine Qualitäten bewunderte, schloss sich dem FC Bayern München an. Unter dem neuem Trainer Huub Stevens war somit Marcelinho ab sofort der entscheidende Mann im Mittelfeld und Herthas bester Spieler. Dementsprechend trug der 26-Jährige nun die Nummer zehn.

Auch in der zweiten Saison in Berlin lieferte Marcelinho starke Leistungen und führte Hertha BSC erneut zum Gewinn des Ligapokals. In der Bundesliga erzielte der Brasilianer vierzehn Tore und dennoch reichte es für Hertha BSC mit 54 Punkten erneut nicht für die Champions-League-Qualifikation.

Vor der Saison 2003/2004 herrschte in Berlin auch außerhalb des Olympiaparks Euphorie. Dieter Hoeneß hatte im Sommer ganze Arbeit geleistet und präsentierte gleich drei neue Stars für Hertha BSC. Mit Fredi Bobic und Artur Wichniarek im Sturm sowie Niko Kovač im Mittelfeld sollte endgültig die Champions League erreicht werden. In schneeweißen Herthatrikots liefen die Hoffnungsträger in Berlin auf, die Spitze des deutschen Fußballs anzugreifen. Die Enttäuschung war riesig, als die Saison ganz anders verlief als geplant.

Gleich am ersten Spieltag der Saison 2003/2004 gegen den SV Werder Bremen erhielten alle Hoffnungen auf eine große Saison einen Dämpfer. Der Spielmacher, der Spieler, um den sich trotz prominenter Neuzugänge bei Hertha BSC alles drehte, bleibt zur Halbzeit in der Kabine. Zu diesem Zeitpunkt lag der hohe Favorit Hertha BSC im heimischen Stadion bereits mit 0:2 zurück. Aílton und Johan Micoud sorgten für Schockstarre im weiten Rund. Doch die eigentliche Hiobsbotschaft lautete die Diagnose Mittelfußbruch bei Herthas Nummer zehn. Der Brasilianer sollte Hertha BSC zwei Monate fehlen und die Alte Dame konnte ohne ihr Herz kein einziges Spiel gewinnen. Es dauerte bis zum fünften Spieltag, bis Hertha überhaupt ein Tor in der Bundesliga bejubeln durfte.

Die bittere Wahrheit dieser Saison hieß Abstiegskampf. Erst am 33. Spieltag konnte Hertha BSC den Abstieg im Kellerduell gegen den TSV 1860 München abwenden. Meister der Saison 2003/2004 wurde Herthas Auftaktgegner Werder Bremen.

Tor des Monats im April 2005

Einigen der 33.291 Zuschauer wird die Entscheidung, am 9. April 2005 das Spiel des 28. Spieltags Hertha BSC gegen den SC Freiburg zu besuchen, nicht leichtgefallen sein. Hertha BSC machte es seinen Anhängern einmal mehr schwer, den Verein heiß und innig zu lieben. Der vorherige Spieltag samt 1:2-Niederlage im Westfalenstadion hatte Staub aufgewirbelt und für reichlich Gesprächsstoff gesorgt. Durch die Pleite beim Tabellenelften rückte die Champions-League-Qualifikation in weite Ferne. Der Rückstand auf den VfB Stuttgart war somit auf sieben Punkte angewachsen, aber noch ärgerlicher als die fehlenden drei Punkte war, dass sich Hertha zu Teilen selbst geschlagen hatte, und zwar im wahrsten Sinne des Wortes. Statt sich in der Halbzeit bei 0:2-Rückstand auf ein Comeback einzuschwören, gerieten Arne Friedrich und Marcelinho so heftig aneinander, dass es in einer körperlichen Auseinandersetzung endete und von einem „Faustschlag" gegen den Kapitän zu lesen war.

Demnach standen die Zeichen bei Hertha BSC am 28. Spieltag auf Wiedergutmachung, die Fans in der Ostkurve mussten nicht lange darauf warten. Hertha BSC legte gegen den Tabellenachtzehnten aus Freiburg, vom Kicker schon als Team auf Abschiedstour betitelt, los wie die Feuerwehr. Es waren gerade mal sechs Minuten gespielt, als Freiburgs Keeper Richard Golz bereits zum zweiten Mal im Mittelpunkt stand. In der ersten Minute war der spätere Hertha-Torwarttrainer schon hellwach und konnte einen Kopfball von Fredi Bobic zur Ecke klären. Kurz darauf machte sich Richard Golz frohen Mutes auf in Richtung Mittellinie, um sich das Treiben in Herthas Strafraum bei einer Ecke des SC Freiburgs etwas genauer anzusehen. Doch was Golz sah, konnte ihm nicht gefallen. Die Ecke wurde geklärt und Herthas Brasilianer mit einer misslungen Deutschlandflagge als Haarfarbe, die nun eher wie die belgische Fahne anmutete, entledigte sich seines Bewachers Ibertsberger und betrat jüngst in diesem Augenblick samt Ball den Mittelkreis. Golz ahnte, dass seine Aktien, den Ball zu halten, gerade in den Keller gingen. Marcelinho hatte ihn erwischt, gesehen, dass er zu weit draußen stand und Golz wusste, dass der inoffizielle König von Berlin ohne mit der Wimper zu zucken die Technik draufhatte, ihm, dem gestandenen Bundesliga-Keeper, der HSV- und Freiburglegende, den Ball jetzt sofort aus dem Mittelkreis ins Tor zu drücken. Und so geschah es. Kurz nach der Mittellinie noch im Mittelkreis mit viel grüner Wiese und zwei schlecht positionierten Gegenspielern vor sich und einem Gegenspieler im Nacken, schickte Marcelinhos linker Fuß den Ball aus 48,3 Metern auf die Reise. Es war seine Art der Wiedergutmachung, seine Art, Entschuldigung zu sagen und den Herthanern, die hinter der Ostkurve den Ball im hohen Bogen auf sich zukommen sahen, ein Geschenk zu machen. Der Ball schlug zeitgleich mit dem chancenlosen Golz unten rechts im Tor ein und ein Kunstwerk für die Ewigkeit war geschaffen. Die 33.291 Zuschauer im Olympiastadion werden diesen Tag und dieses Tor niemals vergessen, ein Tor für die Ewigkeit.

Kaiserkrönung

Es sind die Jahre, in denen man als Anhänger von Hertha BSC das Gefühl hatte, das Motto im Verein lautete: Eine Saison, ein neuer Brasilianer. Dabei hat es außer Marcelinho kein anderer Brasilianer wirklich lange bei Hertha BSC ausgehalten. Die ehemaligen Spielkameraden Alex Alves, Nenê oder Luizão waren längst weitergezogen, als Marcelo dos Santos bei Hertha BSC in seine vierte Saison ging. Der neue Brasilianer zur Saison 2004/2005 bei Hertha BSC hieß nun also Gilberto. Hoeneß scheute weiterhin keine Kosten und Mühen, Hertha BSC zurück in die Champions League zu führen, und sein Plan schien aufzugehen.

Unter dem Rückkehrer auf der Trainerbank, Falko Götz, spielte Marcelinho seine beste Saison im Herthatrikot und auch Gilberto traf direkt im ersten Spiel gegen den VfL Bochum.

Nach 33 Spieltagen und 16 Siegen fehlte Hertha BSC nur noch ein Sieg gegen Hannover 96 zum Einzug in die Champions League. Mit 18 Toren und 13 Assists wählten die Kollegen aus der Bundesliga Marcelinho zum Spieler des Jahres der Bundesligasaison 2004/2005, noch vor Michael Ballack vom Meister Bayern München. Dem Brasilianer, der vor fast genau vier Jahren durch die Tür am Flughafen Tegel gekommen war und in Berlin seine zweite Heimat gefunden hatte, fehlte nur dieser eine Sieg, um sich die Krone aufzusetzen und in Berlin endgültig zur Lichtgestalt, zum Kaiser zu werden. Einer der ganz Großen bei Hertha BSC war er zu diesem Zeitpunkt schon, vielleicht auch damals schon der Größte, aber im Berliner Olympiastadion die Champions-League-Hymne zu hören, blieb ihm bisher verwehrt.

74.220 Zuschauer waren an diesem Nachmittag erschienen, um dem letzten triumphalen Auftritt beizuwohnen und bekamen zwar Einbahnstraßenfußball gegen tief stehende Hannoveraner geboten, aber gleichzeitig waren Ideen gegen die Abwehr rund um Tarnat und Mertesacker ein rares Gut. Die einzig gefährliche Chance vergab Yıldıray Baştürk aus acht Metern und nach 90 Minuten, als Dr. Helmut Fleischer das Spiel abpfiff, war die historische Chance vertan. Der Champions-League-Platz ging nach Bremen.

Servus

In der Saison 2005/2006 erzielte Marcelinho zum vierten Mal in fünf Saisons eine zweitstellige Torausbeute. Zwölf Tore und zwölf Assists erzielte der Brasilianer in seiner letzten Saison für Hertha BSC. Noch immer war der Mann aus Campina Grande das Herzstück der Berliner. Doch fünf Jahre sind eine lange Zeit. Die Beziehung zwischen Hertha BSC und Marcelinho hatte sich verändert. Eine beidseitig gelebte Selbstverständlichkeit hatte sich über die Jahre ihren Weg gebahnt. Marcelinho verlängerte selbstverständlich wie jedes Jahr seinen Urlaub im Sommer und Hertha BSC erwartete wie selbstverständlich Höchstleistungen. Doch der Spieler, der 2001 in eine Mannschaft der alten Champions-League-Helden gekommen war und neben dem jeder Spieler an Glanz verlor, ob er nun Deisler, Baştürk, Beinlich oder Alves hieß, sah sich um. Gibt es mehr im Leben als Hertha BSC? Es schien, als hätte Marcelinho genug von den beiläufigen Schulterklopfern und dem Bedauern, dass es für ganz oben nicht reicht.

Und dann war da die Mannschaft, in der jeder einzelne Spieler wusste, dass Marcelinho ein Einzelkönner war. Das waren aber andere auf ihren Positionen auch, nur mit weniger Rampenlicht. Die Mannschaft und der Trainer waren nicht mehr gewillt, die

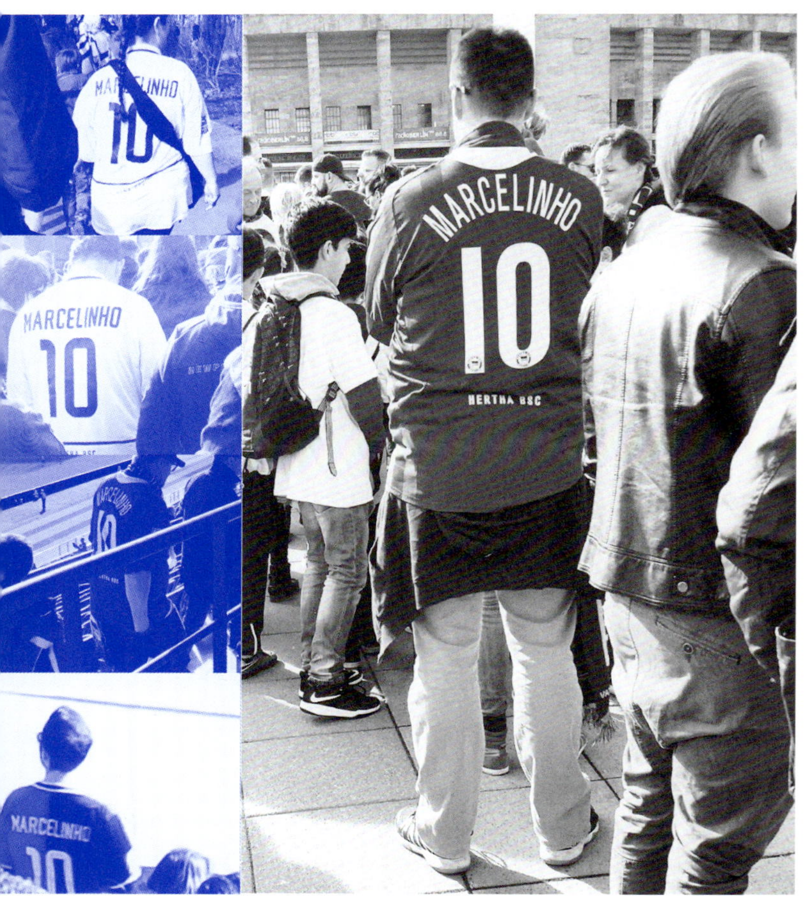

Eskapaden des Brasilianers hinzunehmen und so trennten sich vor der Saison 2006/2007 die Wege. Marcelinho, der später sagen würde, Berlin sei seine zweite Heimat und er hätte niemals gehen dürfen, wechselte zu Trabzonspor in die Türkei. Dort wurde er noch euphorischer empfangen als fünf Jahre zuvor in Berlin Tegel. Doch Marcelinho konnte sich nicht einlassen auf das neue Land und den neuen Verein. Aus dem König von Berlin, dem man überall den roten Teppich ausrollte, wurde schleichend wieder der introvertierte Spieler aus Marseille. Ein halbes Jahr später kam Marcelinho wieder ins Olympiastadion, als Spieler des VfL Wolfsburg.

Vor dem Spiel haben Hertha-Fans heiß diskutiert, ob man applaudieren oder pfeifen solle, wenn der größte Spieler unserer Vereinsgeschichte im fremden Trikot im Olympiastadion sein Bundesliga-Comeback feierte.

Ich weiß, was ich getan habe: Ich habe applaudiert. Nicht für einen Spieler des VfL Wolfsburg, sondern für Marcelinho, den Mann aus Paraíba, den größten Spieler in Herthas Historie.

Marcelinhos Erben

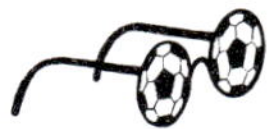

Raffael

Nach der Saison 2006/2007 verabschiedeten sich nach Marcelinho auch Yıldıray Baştürk, Kevin-Prince Boateng und Gilberto aus Berlin. Eine Zeitenwende im Kader von Hertha BSC. Der neue Heilsbringer im offensiven Mittelfeld hieß Raffael. Der Brasilianer folgte Trainer Lucien Favre vom FC Zürich zu Hertha BSC. Der damals 22-Jährige, der in die Fußstapfen des großen Marcelinho treten sollte, wirkte bei seiner Ankunft in Berlin wie ein Gegenentwurf zu Paraíba. Introvertiert, leise, bodenständig, gleichermaßen talentiert, aber völlig skandalfrei. Der Erfolg gab Hertha BSC und Dieter Hoeneß Recht. Hertha spielte schon eine Saison nach der Verpflichtung Raffaels um die Meisterschaft und scheiterte knapp. Danach ging Herthas Nummer zehn mit Hertha BSC im Abstiegskampf der Saison 2009/10 unter. Abstieg, Aufstieg und den erneuten Abstieg machte Raffael mit Hertha durch und im Platzsturm von Düsseldorf endete seine Zeit bei Hertha BSC. Raffael wurde zu Dynamo Kiew verkauft und man munkelt, dass der Transfer Hertha BSC vor dem finanziellen Kollaps bewahrte.

Wie einst Marcelinho wurde Raffael in der Fremde ohne seinen mittlerweile ebenfalls bei Hertha kickenden Bruder unglücklich. Bereits nach einem halben Jahr flüchtete er aus der immer kälter werdenden Ukraine und kehrte in die Bundesliga zurück. Ein halbes Jahr litten Hertha-Fans unter dem Anblick Raffaels im Trikot der Gelsenkirchner. Eine wirklich neue Heimat fand Raffael später bei Borussia Mönchengladbach, wo er wiedervereint mit seinem Ziehvater Lucien Favre in die Champions League einzog und sein volles Potential entwickeln konnte. In Berlin fehlten nach anderthalb Jahren die Mitspieler für den Edeltechniker und er rieb sich in den Tiefen des Mittelfelds auf, den Ball nach vorne zu schleppen. Dennoch geht vielen Hertha-Fans auch heute noch das Herz auf, wenn sie an den anfänglich schüchternen, verschlossenen Raffael denken, der sie entweder auf dem Spielfeld begeisterte oder zum Hadern brachte, wenn er mehr an sich, als am Gegner scheiterte und sie ihm trotzdem nicht böse sein konnten. Der Moment, als Raffael uns vor dem direktem Abstieg bewahrte und das 3:1 gegen die TSG erzielte, ging in die Herthageschichte ein und bleibt jedem Herthaner im Herzen, in Erinnerung an unseren genialen Spielmacher.

Alexander Baumjohann

Es kommt eher selten vor, dass ein Spieler, der zu Hertha BSC wechselt, in seiner Vita vor dem Transfer in die Hauptstadt Vereine wie Borussia Mönchengladbach, Bayern München, Gelsenkirchen und Kaiserslautern zu stehen hat. Doch Michael Preetz schaffte es, Alexander Baumjohann von Kaiserslautern nach Berlin zu holen. Baumjohann war mit den Roten Teufeln am Wiederaufstieg in die Bundesliga in der Relegation an Hoffenheim gescheitert.

So wechselte ein ehemaliges Wunderkind des deutschen Fußballs an die Spree. Kaum angekommen in Berlin zeigte *Baumi* seine Qualitäten und übernahm schnell die Leitung in Herthas Mittelfeld. Gegen eine hoch favorisierte Eintracht aus Frankfurt im Auftaktspiel durften die Zuschauer im Olympiastadion gleich die erste Gala bewundern. Die Achse Ramos-Baumjohann-Hosogai überrollte die völlig perplexen Gäste, die sich in der vorherigen Saison für den Europapokal qualifiziert hatten. Mit 6:1 schickte der Aufsteiger die Eintracht zurück an den Main. Zwei Assists hatte Baumjohann vor 54.376 Zuschauern beigesteuert. Am zweiten Spieltag schrammten wir in Nürnberg an einem Auswärtssieg vorbei und besiegten am dritten Spieltag den HSV – Baumjohann stellte Rafael van der Vaart in den Schatten. Sieben Punkte aus drei Spielen als Aufsteiger, da kann man nicht meckern! Hertha BSC und Baumjohann waren ein match made in heaven! Das alles änderte sich, als wir am vierten Spieltag nach Wolfsburg reisten. Genau als wir Herthaner hoffnungsvoll weiter nach oben schielten, verließ uns auf dem Feld die Fortune. Trotz unserer lautstarken Unterstützung lag Hertha bereits zur Halbzeit mit 0:2 zurück.

Doch was taten wir? Wir sangen lauter und lauter. Als Baumjohann in der 87. Minute ausgewechselt wurde, ahnte niemand, dass Baumi schwer verletzt war und so sangen wir auch nach Spielende weiter, bis die Mannschaft 45 Minuten nach Abpfiff nochmal rauskam und sich für den Support bedankte. Später wurde ein Kreuzbandriss diagnostiziert. Es war der Anfang der unendlichen Leidensgeschichte von Alexander Baumjohann in Berlin. Der Fußballgott kannte kein Erbarmen und nach überstandener Reha und Mini-Comeback gegen Ende der Saison folgte vor der neuen Saison der zweite Kreuzbandriss und aus dem Hoffnungsträger, dem Star im Mittelfeld, wurde ein Schatten, der bei einem 2:2 gegen den FSV Luckenwalde in der Regionalliga Nordost leise Adieu sagte. In vier Jahren bei Hertha BSC kam Baumi nur auf 38 Bundesligaspiele, die Hälfte seiner sechs Assists hatte er in den ersten drei Spielen erzielt. Hertha BSC und Alexander Baumjohann sind einer der großen „what ifs" in der Geschichte von Hertha BSC und die Suche nach Marcelinhos Erben ging weiter.

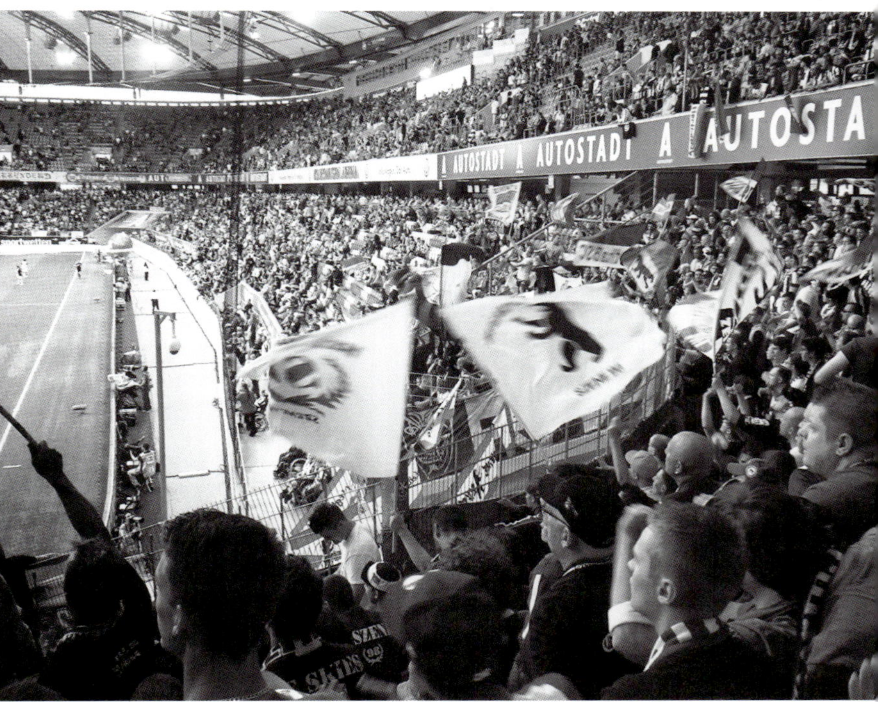

Matheus Cunha

Nach nur 67 Minuten im Herthatrikot waren wir Herthaner uns einig: Wir haben ihn endlich gefunden, Marcelinhos Erben. Matheus Cunha war sein Name und wie vor knapp zwanzig Jahren beim Debüt von Marcelinho traf Herthas Neuzugang sofort im ersten Spiel nach seiner Verpflichtung. In einer Welt kurz vor dem Ausbruch der Corona Pandemie hörte sich das im Jahr 2020 auf der Bundesligaseite beim Liveticker so an: „Darida zieht aus der zweiten Reihe gefährlich ab. Zingerle fischt den Ball noch aus dem linken Eck, aber der Abpraller landet bei Piątek, der aus kurzer Distanz erneut an Zingerle scheitert. Der Ball springt dann zu Cunha, der den Ball mit dem Rücken zum Tor aus der Luft mit der Hacke aufs Paderborner Tor bringt."

Der Klärungsversuch des Abwehrspielers auf der Linie scheiterte, der Ball war im Tor und Hertha gewann. Doch es ist mehr als das erste Tor im ersten Spiel, was Hertha-Fans an Marcelinho, den Helden der Nullerjahre, denken lässt, äußerlich wirken die beiden Brasilianer zwar nicht wie Vater und Sohn, aber Cunha gibt mit seinen blondierten Haaren und etlichen Tätowierungen den Marcelinho 2.0. Doch die größte Übereinstimmung zwischen den Spielmachern der verschiedenen Generationen findet sich in der Heimat, wie Marcelinho stammt Mattheus Cunha aus der Region Paraíba.

Der 24 Jahre jüngere Cunha sieht sich bei Hertha BSC vom ersten Moment an mit der Erwartung konfrontiert, die großen Fußstapfen des großen Paraíba aka Marcelinho zu füllen – und Cunha liefert.

Schon beim nächsten Auswärtsspiel in Düsseldorf zeigte sich, wie wertvoll Cunha für Hertha sein konnte. Nach einer desolaten Leistung in Hälfte eins samt 0:3-Halbzeitrückstand waren es der Grantler im Tor (Thomas Kraft, der in der Kabine ein Donnerwetter anzettelte) und Cunha auf dem Feld, die Hertha wieder nach vorne peitschten. Bei der Aufholjagd war Cunha der beste Mann und erzielte den Anschlusstreffer zum 2:3. Vielleicht war es der völlig eskalierende Torjubel Cunhas in sämtliche Kameras des Abends, der bei Hertha die letzten Reserven mobilisierte. Mit einem euphorischen Jubel, der Oliver Kahns „Wir brauchen Eier"-Interview in den Schatten stellte, zeigte der Brasilianer an, was von Nöten war, um das Spiel noch zu drehen. Und tatsächlich: Nach 30 Minuten der zweiten Halbzeit staunten die Fortunen nicht schlecht, als es 3:3 stand und Hertha auf den Siegtreffer hinarbeitete. An diesem Abend blieb es beim Unentschieden, was sich nach dem Halbzeitrückstand wie ein Sieg anfühlte.

In der im Anschluss durch Corona unterbrochenen Saison erzielte Cunha insgesamt fünf Tore und zwei Assists in elf Spielen. Tragisch, dass Herthas größter Sieg mit Cunha im menschenleeren

Olympiastadion stattfand. Im Derby traf der Brasilianer nicht nur für Hertha, sondern Hertha fertigte den 1. FC Union mit 4:0 ab. Ein Sieg, den die Mannschaft symbolisch in der leeren Ostkurve feierte.

Nach dem Klassenerhalt in der Saison 2020/21 wechselte Cunha nach nur anderthalb Jahren zu Atlético Madrid. Der Stern des Brasilianers war für Hertha BSC zu schnell aufgestiegen, der Club konnte nicht Schritt halten. Cunhas Miene war auf dem Rasen von Spieltag zu Spieltag ernster geworden, auch die Leistungen stagnierten in der zweiten Saison. Hertha BSC und Cunha blieben unter ihren Möglichkeiten und spätestens nach dem Gewinn der Olympischen Goldmedaille in Tokyo mit der Seleção war Cunha für Hertha BSC nicht mehr zu halten. Schade!

Die Stadtmeisterschaft

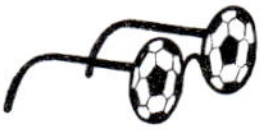

2010 – Der Auftakt

Mit Abpfiff der Saison 2009/2010 stand Herthas Abstieg aus der Bundesliga fest. So schrecklich der Abstieg aus Deutschlands Oberhaus für alle Blau-Weißen auch war, richtete sich der Blick schnell in Richtung Köpenick zum 1. FC Union Berlin, dem der Klassenerhalt in der Zweiten Bundesliga gelungen war und auf deren Elf Hertha BSC nach der Wiedervereinigung zum ersten Mal in einem Pflichtspiel treffen würde. Nachdem die Mauer gefallen war und Helmuth Kohl zur Wiedervereinigung vor dem Reichstag am 3. Oktober 1990 gesungen hatte, wurde die Zusammenlegung des Deutschen Fußball-Bundes (DFB) und des Deutschen Fußball-Verbandes (DFV) vorangetrieben. In der Saison 1991/92 war es soweit und auch der Fußball in Deutschland vereinigte sich im Ligensystem des DFB. Seither waren sich die Berliner Vereine stets aus dem Weg gegangen und nur in Freundschaftsspielen und beim Hallenfußball aufeinandergetroffen.

Es waren also neunzehn Jahre Zeit, sich behutsam zu beschnuppern und das eigene Revier abzustecken. Im Jahr 1991, dem Jahr der Fußballeinheit in Deutschland, trat Hertha BSC als Bundesligaabsteiger in der neu formierten Zweiten Bundesliga an, während der 1. FC Union Berlin als Meister der Staffel A der DDR-Fußball-Liga in der Relegationsrunde zur Aufnahme in die Zweite Bundesliga scheiterte und mit einem Startplatz in der Oberliga Nordost Vorlieb nehmen musste. An der Rangordnung änderte sich lange Zeit nichts und die Vereine spielten nie gleichzeitig in einer Liga, wobei Hertha in der Hauptstadt stets unbestritten Berlins Fußballclub Nummer eins war. Ein Fakt, der wie ein Mantra über Jahre vor jedem Heimspiel im Berliner Olympiastadion bejubelt wurde und die Fans von Titeln träumen ließ. Hertha BSC hegte nach dem Aufstieg 1997 schnell internationale Ambitionen und überwinterte Anno 2000 in der Zwischenrunde der Champions League, während der 1. FC Union in der Oberliga kickte. Von dem Verein aus Köpenick sah und hörte ich zu dieser Zeit nichts. Nur bei meiner Hausbank am Kaiserdamm wurde ich formal vor die Wahl gestellt, ob ich auf meiner EC-Karte die Herthafahne oder das Logo des 1. FC Union haben wollte.

Im Jahr 2010 lagen die Dinge anders: Die Formulierung, dass „ganz Berlin“ einer Veranstaltung entgegenfieberte, diese maßlose, inflationär gebrauchte Überhöhung kam der Realität selten näher als beim ersten Aufeinandertreffen der Vereine, für die am jeweils anderen Ende der Stadt die Herzen schlugen. Nach zwanzig Jahren Einheit im wiedervereinten Berlin teilte sich die Stadt unerwartet erneut in Ost und West, in Rot oder Blau. Diese Entwicklung hatte ihren Ursprung in der Saison 2008/2009, als sich beide Vereine so nahe kamen, wie von vielen Fußballexperten niemals für möglich gehalten. In einer für beide Vereine vermeintlich erfolgreichen Saison war es ein Detail, das die jahrelang klaffende Schere beinahe schloss. Die Gemütslage am 34. Spieltag der Saison hätte nicht unterschiedlicher sein können: Als Hertha BSC gegen den befreundeten KSC die Champions-League-Qualifikation verspielte, standen die Köpenicker bereits als Aufsteiger in die Zweite Bundesliga fest. Für Hertha bedeutete der vierte Platz in der Bundesliga hingegen eine Zeitenwende, verbunden mit der Demission von Dieter Hoeneß und dem Abgang der Leistungsträger Marko Pantelić, Andrij Woronin und Josip Šimunić. Dieser Aderlass an Qualität bei Hertha BSC zog den Verein, der seine Starspieler nicht länger bezahlen konnte, in einen Strudel aus Niederlagen, Frust und Trainerwechseln und endete garniert mit Unvermögen, Pech und immer neuen Tiefpunkten im Abstieg als Tabellenletzter. Mit dem verpassten Klassenerhalt 2010 spielten beide Berliner Vereine in der Saison 2010/2011 erstmals überhaupt in einer Liga und traten doch unter komplett unterschiedlichen Voraussetzungen an. Hertha BSC leistete sich mit viel Zähneknirschen einen Erstligakader und galt als klarer Aufstiegskandidat. Den langjährigen Kapitän Arne Friedrich und einige weitere Spieler musste Hertha zwar ziehen lassen, aber Leistungsträger wie Raffael, Adrián Ramos und Levan Kobiaschwili konnte Michael Preetz in Berlin halten.

Naiverweise freuten wir Fans uns damals auf die Duelle mit dem Stadtrivalen und fieberten der Verkündung des Spielplans der Zweiten Bundesliga entgegen. Gleich der vierte Spieltag der Saison 2010/2011 hielt für Hertha im September den Trip ans andere Ende der Stadt bereit. Den Weg nach Köpenick an die östliche Stadtgrenze kannten die Blau-Weißen noch aus der Vorsaison, denn Hertha BSC war bereits ein Jahr zuvor beim Eröffnungsspiel der frisch sanierten Alten Försterei zu Gast. Dem damaligen Aufsteiger aus der Dritten Liga wurden mit 5:3 in, vorsichtig ausgedrückt, wenig freundlicher Atmosphäre auswärts die Grenzen aufgezeigt und von gelebter Fanfreundschaft konnte keine Rede mehr sein. Die Nachfrage nach den Tickets für das historisch erste Derby war riesig und so wurden die Karten unter Mitgliedern und Dauerkarteninhabern verlost. Die Tickets kamen nicht in den freien Verkauf. Ich gehörte nicht zu den „Glücklichen", die Karten für das Derby im überschaubaren Auswärtsblock erhielten und so musste wie bei jedem random-Auswärtsspiel die Kneipe zum Fußballschauen herhalten.

Doch so recht konnte und wollte ich mich noch nicht an Herthaspiele freitags um 18 Uhr gewöhnen, nach dreizehn Jahren blau-weißer Primetime-Spiele, meist am Samstag um 15:30 Uhr. Die Kneipe in der Krumme Straße war trotzdem gut gefüllt, als das Derby an der Alten Försterei angepfiffen wurde und oh ja, wir wollten unsere Jungs siegen sehen. Nicht unbedingt wegen der drei Punkte für den Aufstieg, sondern vielmehr wegen den anhaltenden Frösteleien zwischen den Fanlagern, die weit vor der gemeinsamen Saison in der Zweiten Bundesliga begannen. Spätestens als Anhänger des 1. FC Union im Abstiegskampf der Saison 2009/2010 im Olympiastadion auftauchten, ein Plakat mit der Aufschrift ABSTEIGER präsentierten und den Gast aus Bochum unterstützen, war die Fanfreundschaft, mit der meine Generation sowieso kaum Berührungspunkte hatte, beerdigt. Aus Freunden hinter Stacheldraht waren bittere Rivalen geworden. Im ersten Aufeinandertreffen mit dem Rivalen bot dieser eine Elf auf, aus der mir nur Mosquera, Mattuschka und Benyamina ein Begriff waren, weil mein Interesse an Sportvereinen aus Köpenick gegen Null tendierte. Hertha BSC hingegen brachte geballte Bundesligapower auf den Rasen und Markus Babbel stellte vermeintlich offensiv auf.

Ramos, Raffael, Domovchiyski und Rukavytsya hinter Stürmer *Rob* Friend sollten den ersten Sieg im Duell der beiden Berliner Vereine bringen. Das erste Bier war kaum angerührt, als im *Veritas* unweit des S-Bahnhofs Charlottenburg lauter Jubel ausbrach. Gleich in der zweiten Minute hatte Kapitän Peter Niemeyer nach einem Standard per Kopf getroffen. Den historisch ersten Treffer im Stadtduell erzielte also Hertha BSC. So konnte es weitergehen, sagten wir und klopften uns gegenseitig auf die Schultern. Weiter ging danach bei Herthas Spiel nach vorne gar nichts mehr. Die Stimmung in der Kneipe stagnierte spätestens mit dem Habzeitpfiff, anders als der Alkoholpegel, der stetig stieg. Unser Spielmacher Raffael blieb zur Halbzeit gleich in der Kabine, damit wir nicht noch auf die Idee kämen, in der zweiten Halbzeit offensive Akzente zu setzen.

Hertha-Fans wissen, wie dieses klassische, seit Jahren nicht zu durchbrechende Verhaltensmuster jeder Herthaelf endet. Der ewige Kreislauf aus früher Führung, totaler Einstellung des Spielbetriebs und des wahlweise schnellen Verspielens der Führung oder des Hinnehmens eines Last-Minute-Ausgleichtreffers beehrte auch an diesem Freitagabend die Mannschaft von Hertha BSC. Dieses Mal bot die Elf für alle Anhänger der Blau-Weißen das Hertha BSC „Frustration Premiumpaket" an und Union griff als guter Gastgeber gerne zu.

Es war natürlich der Joker des Tabellenfünfzehnten der Zweiten Bundesliga, der nach nur sechs Minuten auf dem Feld den Ball unhaltbar ins Tor von Hertha BSC bugsierte und die Gesichter in der Bar lang werden ließ. Ein spätes 1:1 wie bestellt und gleichzeitig wenig später auch der Endstand.

Mit Spielende zahlten wir frustriert die drölf Bier, die wir getrunken hatten und schwankten durch die Wilmersdorfer Straße, um von der Sparkasse in Richtung Goethestraße noch mehr Kohle abzuheben, um noch mehr Bier zu trinken. Es war ja noch früh am Abend, dank der ungewohnten Zweit-Liga-Anstoßzeiten und so kehrten wir nach einer Fast-Food-Verkostung zurück in die Kneipe, in der auch lange Jahre ein Eintracht-Frankfurt-Fanclub in den hinteren Räumlichkeiten ansässig war. Die Kneipe hatte sich von blau-weiß in rot-schwarz gewandelt und so schauten wir noch das Abendspiel der Bundesliga, was mit dem Straßenfeger Eintracht Frankfurt gegen SC Freiburg, ebenfalls der Fünfzehnte gegen den Vierten, nur eine Liga höher, aufwartete. Ein bis zur 89. Minute torloses 0:0 verwandelte Ex-Herthaner Maximilian Nicu mit der Vorlage zum 0:1 durch Rosenthal in einen Auswärtssieg. Wir jubelten lauter als wir sollten und machten uns keine Freunde beim Eintracht-Frankfurt-Fanclub, wie immer dieser auch hieß, der von der Stimmung nach diesem Spiel und spätem Gegentor endgültig auf unserem Level angekommen war.

Das Spiel in Köpenick hatte uns die Laune versaut und wir ärgerten uns bis tief in die Nacht über Hertha BSC und diesen passiven Auftritt an der Alten Försterei, der erstmals Punkte in der Zweiten Bundesliga kostete. Aber es gab ja noch das Rückspiel im Olympiastadion. In nur sechs Monaten sehen wir uns wieder.

2011 – Das Rückspiel

Wir zählten die Tage bis zum Rückspiel des Derbys im heimischen Olympiastadion, um endlich zu zeigen, wer Berlins Fußballclub Nummer eins ist. Der 21. Spieltag der Saison 2010/211 rückte Stück für Stück näher. Geburtstag um Geburtstag verging, der Tag der Deutschen Einheit, Nikolaus, Weihnachten, Silvester, Neujahr und auch die NFL-Saison lag bis auf Super Bowl XLV hinter uns, als endlich der Tag des Derbys kam. Am 5. Februar 2011 war für uns alle das Ziel klar: Wir steuerten die Ostkurve im Olympiastadion an und unsere Gruppe der Herthafreunde war so groß wie nie. Generell fiel das Spiel in eine Phase, in der das Interesse am Fußball größer war als gewöhnlich. Nach dem Halbfinaleinzug bei der WM 2006 erreichte die Nationalmannschaft auch das EM-Finale 2008 und im Halbfinale der WM 2010 trat die DFB-Elf ebenso an. Zudem hatte der tiefe Fall von Hertha BSC zu einer „Jetzt erst Recht!"-Stimmung geführt und viele, die sich nur peripher für den runden Ball interessierten, bekannten sich zu unserem Verein, der durch das Stahlbad Zweite Bundesliga musste, um an seinen angestammten, über Jahre warm gehaltenen Platz in der Bundesliga zurückzukehren.

Die Anreise zu dem Spiel ließ nichts Gutes vermuten, denn die einfahrende U-Bahn war komplett rot-weiß. Von Hertha war dort nicht viel zu sehen und das Ganze schaute vorerst nicht nach einem Heimspiel aus. Wir wunderten uns ein wenig, wie viele Köpenicker sich auf den Weg gemacht hatten. Kurz musste ich darüber nachdenken, ob vielleicht doch jemand das Logo vom 1. FC Union für seine EC-Karte ausgewählt hatte.

Das Spiel selbst stand unter klaren Vorzeichen. Hertha hatte die Tabellenführung inne und der Konkurrent stand zwölf Plätze entfernt auf Platz dreizehn der Tabelle.

Doch die Stimmung unter den Rot-Weißen in der U-Bahn war gut. Einmal im Olympiastadion zu spielen, fanden die Anhänger schon faszinierend und rechneten sich für das Spiel wenig aus, was sie im Gespräch mit uns offen zugaben. Wir wünschten uns beim Aussteigen fair ein gutes Spiel und weder die Roten noch wir ahnten, was uns heute im Olympiastadion erwartete.

Im restlos ausverkauften Olympiastadion übte Hertha dieses Mal mehr als nur zwei Minuten Druck auf das gegnerische Tor aus und wurde dafür belohnt. In der dreizehnten Minute brachen in der Ostkurve direkt Tumulte aus, als Roman Hubník nach Zusammenspiel mit Innenverteidiger Nummer zwei Andre Mijatović den Ball ins Tor köpfte. Der ein oder andere Herthaner fand sich mehrere Reihen weiter vorne wieder, als im Jubel nicht jedem die nötige Standfestigkeit gegeben war. Doch noch vor der Halbzeit berappelte sich die Gegenseite und schlug durch ein Tor von Mosquera zum 1:1 zurück. Ein Treffer zum oftmals beschworenen psychologisch wichtigen Zeitpunkt. Ab der 37. Minute verschoben sich die Spielanteile auf dem Feld und die Lautstärke der Anhänger. Der Außenseiter am Marathontor wurde immer lauter, während wir in der Ostkurve versuchten, der Frustration keinen freien Lauf zu lassen und weiter hundert Prozent zu unterstützen. Weit vor der 71. Minute erreichten mich Nachrichten von der Gegentribüne auf dem Handy, man höre uns ja gar nicht, die anderen seien lauter, macht was! Und wir machten. Wir gaben nochmal alles, sangen unsere Lieder, kämpften gegen die lautstarke gegnerische Kurve und den tückischen Wind im Olympiastadion an, um im Rund auch bei den Neutralen auf der Gegen- und Haupttribüne Gehör zu finden, bevor wir doch in Schockstarre verfielen und nahezu verstummten.

Es lief die 71. Minute, die in die Geschichte des Derbys einging. Herthas Keeper Maikel Aerts musste vor dem eigenen Strafraum eine Mauer stellen, da der Gegner einen Freistoß in aussichtsreicher Situation 25 Meter vor dem Tor zugesprochen bekam. Es war nicht der erste Freistoß von Thorsten Mattuschka in diesem Spiel, bei dem wir den Atem anhielten. Die Fans am anderen Ende des Stadions hingegen sangen, so wie sie es immer taten, wenn ihre Vereinslegende zum Freistoß antrat. In diese Atmosphäre hinein gab Aerts Anweisungen an seinen Mitspieler Ronny, dann an Ramos, aber die Mauer aus Ramos, Niemeyer, Lell und Friend schien nicht stabil zu stehen. Der erfahrene Levan Kobiaschwili versuchte noch hilfreich auf die vier Spieler in der Mauer einzuwirken, aber jede Hilfe kam zu spät. Mattuschka lief an, hatte die Schwachstelle der Mauer sofort ausgespäht und platzierte den Ball zwischen dem schon hüpfenden Christian Lell und dem dilettantisch agierenden FriendFriend. Trotz aller Erfahrung machte Friend undiszipliniert den Schritt nach vorne und drehte sich bei dem Versuch, den Ball abzuwehren (der sich erst nach links und dann mit viel Spin nach rechts bewegte), springend seitlich ein und machte damit einen für die Mauer prädestinierten Ball endgültig gefährlich. Mittlerweile regnete es. Der Ball setzte vor Aerts auf, der ihn noch mit beiden Händen berührte, aber nicht abwehren konnte. Der Ball war im Tor und am Marathontor brach die völlige Euphorie aus. Wer mag es den Fans verdenken. Neunzehn Minuten später waren sie, die Underdogs, Derbysieger in Köpenick, gar unsterbliche Derbyhelden. Und unsere namhafte Elf mit dem einstigen Europameister auf der Trainierbank schlich durch den Berliner Regen in die Katakomben. Wir blieben fassungslos zurück. Für viele von uns war es das erste richtige Derby, die erste richtige Rivalität innerhalb der eigenen Stadt, die wir in unserem Fandasein erlebten, da Tennis Borussia und Blau-Weiß 90 längst in den Tiefen des Amateursports verschwunden waren. Es war ein Schlag ins Gesicht. Mit diesem Wirkungstreffer verließen wir wortkarg das Stadion, während tausende Unioner am anderen Ende des Stadions die auf der blauen Tartanbahn tanzende Mannschaft feierten. Diese Niederlage im Derby fühlte sich an wie eine Wurzelbehandlung, bei der die Betäubung den initialen Schmerz des Hinspiels überdeckte, nur damit das Zahnarztwerkzeug mit dem Siegtreffer tief im Zahn an den Nervenwurzeln eine ganz neue Kategorie von Schmerz entfachen konnte. Der Moment, in dem der Ball am anderen Ende des Feldes ins Tor rollte, die Spieler die Arme hochrissen und über die Bande sprangen, um zum rot-weißen Block zu laufen, schien unaushaltbar zu sein. Und doch musste es irgendwie weitergehen. Auf dem Heimweg vorbei an den Olympischen Ringen, den Buden und dem Axel-Kruse-Rondell am S-Bahnhof Olympiastadion versuchte es der Fan, mit Fassung zu tragen. Aber die Wirkung der Betäubung ließ mit Eintreffen der S-Bahn, beim Umstieg auf die U-Bahn langsam nach und bereitete einem dumpfen, stetigen Schmerz den Weg, der nur sehr langsam wich und jeden Fan begleitete, bis die Wunde geheilt war.

Für die Fans aus Köpenick ist es bis heute eins der größten Spiele in der Vereinsgeschichte. Nachdem T-Shirts und andere Devotionalien mit dem Begriff „Stadtmeister“ in Berlin in den Umlauf geraten sind, hat die ehemalige Rivalität, lieblos als Berlin Derby betitelt, einen Eigennamen: An diesem regnerischen, für uns Blau-Weiße traumatischem Nachmittag wurde die Stadtmeisterschaft geboren und der Sieger lautete 1. FC Union Berlin.

2012 – Die Revanche

Am Ende der Saison 2010/2011 stieg Hertha BSC unter Markus Babbel in die Bundesliga auf und ließ das lokale Derby samt Köpenick in der Zweiten Bundesliga zurück. Die verlorene Stadtmeisterschaft fühlte sich eine wie Scharte, die wir niemals auswetzen könnten. So schnell würden wir nicht mehr gegeneinander spielen, außer vielleicht im DFB-Pokal. War der Titel Stadtmeister gar für die Ewigkeit vergeben? Und zack, hatte die Zweite Bundesliga uns wieder. Markus Babbel flog im hohen Bogen raus, Michael Skibbe kam, Skibbe flog raus, Rehhagel kam samt „Attack, Attack, Go"-Konzepts und wir retteten uns gegen Markus Babbel, mittlerweile Cheftrainer bei Hoffenheim, in die Relegation, verloren ähnlich blamabel wie einst bei der Stadtmeisterschaft das Heimspiel mit 1:2 und unter bengalischem Feuer und einem Platzsturm reichte ein 2:2 mit all seinen Nachwirkungen in Düsseldorf nicht für den Klassenerhalt.

Die Nacht von Düsseldorf hielt wenig Positives für Hertha BSC bereit und doch wartete hinterm Horizont mit der Chance auf Revanche für die verloren Stadtmeisterschaft ein Hoffnungsschimmer auf alle Blau-Weißen.

Und dann waren sie wieder da, diese verflixten Anstoßzeiten im Unterhaus. Wie zwei Jahre zuvor setzt die DFL das Hinspiel der Stadtmeisterschaft am vierten Spieltag an, erneut blieb ich ohne Karte für das große Spiel zurück und war mehr denn je in feste Arbeitszeiten eingespannt. Nach dem BWL-Studium war ich in einem Großraumbüro gelandet und bearbeitete Kundenanfragen für einen globalen Technik Hersteller im Akkord, bevor ich später in einem großem Berliner Verlag Unterschlupf fand.

Der Tag des Hinspiels der Stadtmeisterschaft fiel auf einem Montag um 20:15 Uhr und ich war für eine Spätschicht im Büro in Siemensstadt eingeplant. Zu spät hatte ich diese Unannehmlichkeit bemerkt und den Zeitpunkt verpasst, aus wichtigem Grund dagegen aufzubegehren. An diesem Montag wagte ich in einem Unternehmen, das mit Log-Ins mit Chipkarte und Code operiert und bei dem die Arbeitszeit minutiös getrackt wird, einen Hauch von Revolution. Mit einem Kollaborateur schmiedete ich den Plan zu einem Ausbruchversuch vor Ablauf der Schicht, um ja rechtzeitig im *Veritas* in der Krumme Straße zu sitzen und das Derby schauen zu können.

Nach Berechnung der Fahrzeit und unter ständiger Beobachtung der Stausituation, die wir verbotenerweise am Arbeitsplatz vornahmen, stand der Entschluss: Heute lassen wir den Füller fünfzehn Minuten früher fallen, es wird schon keiner merken. So kam es, dass ich mit quietschenden Reifen um 20:14 Uhr am *Veritas* aus dem Wagen sprang, um eine Minute später mit Anpfiff mein bereits gezapftes Bier, welches ich per Kurznachricht vorbestellt hatte, zum Munde zu führen. Und was war ich sehend? Eine aktiv pressende Hertha-Mannschaft, die in dieser Partie für ihre Hartnäckigkeit belohnt wurde und durch Neuzugang Sandro Wagner mit 1:0 in Führung ging. Im Anschluss verfiel Hertha nach ansehnlicher erster Hälfte in gewohnte Muster zurück und stellte das Fußballspielen ein. Das Grundvertrauen in eine Qualität, die bisher kaum ein Herthajahrgang besaß, nämlich das italienisch anmutende Verwalten einer Führung, gab mir schon damals Rätsel auf und führte sicherlich maßgeblich zu einem vorzeitigen Ergrauen von Teilen meines Haupthaares. Nach vierundzwanzig Minuten disziplinierten Verteidigens, was bei Hertha äquivalent für reine Passivität steht, fiel natürlich das 1:1 per Flugkopfball durch Quiring, der später am Abend über Unwohlsein klagte. Ausgewechselt wurde im Anschluss aber nicht der Torschütze zum 1:1, sondern Sandro Wagner, der die zwischenzeitliche Führung erzielt hatte.

Ins Spiel kam dafür Ronny, der Spieler mit dem härtesten jemals gemessenen Torschuss in einem Pflichtspiel weltweit. Für seinen ehemaligen Verein Sporting Lissabon soll der Brasilianer Ronny Heberson Furtado de Araújo, kurz Ronny, den Ball mit 210,9 Kilometer pro Stunde bei einem Freistoß in die Maschen gedroschen haben.

In seiner mittlerweile dritten Saison bei Hertha BSC hatten sich auch in Deutschland die Abschlussqualitäten des Linksfußes rumgesprochen. Bereits drei Minuten nach seiner Einwechslung bekam Ronny die Chance, per Freistoß dem Spiel seinen Stempel aufzudrücken. Ronny sog alles auf, den Frust darüber, dass er erst ein Spiel über 90 Minuten unter dem neuem Trainer Jos Luhukay absolviert hatte, dass dieser ihn trotz zweier Scorerpunkte im ersten Spiel gegen Paderborn am dritten Spieltag gegen Regensburg nur zwölf Minuten aufs Feld schickte und er beim Derby weitestgehend zuschauen musste.

Fünf Mann stellen sich bei dem Freistoß aus knapp zwanzig Metern in halblinker Position in die Mauer und bildeten ein rot-weißes

Bollwerk. Für die Fünfer-Mauer bestand noch kurze Zeit die Hoffnung, dass Änis Ben-Hatira den Ball in den Strafraum flankt, da sich dieser dementsprechend in Ballnähe positionierte. Aber es war Kanonenfuß Ronny, der beherzt schnurstracks anlief und sich weigerte, das Spiel mit der Mauer Unions, die eine Ecke abdeckte, und dem Torwart in der anderen Ecke mitzuspielen. Ronny zimmerte den Ball direkt rechts an der Mauer vorbei flach in Richtung Torwart, der zu perplex war, um auf den Strahl zu reagieren und den Ball passieren lassen musste. Mitten im Herzen Köpenicks, im Stadion an der Alten Försterei, ballte Ronny seine Fäuste, streckte den Zeigefinger nach vorne und den Daumen nach oben und galoppierte in Richtung Waldseite. Peng, Peng, Peng! Es stand 1:2 an der Alten Försterei und Hertha war Derbysieger! Als wir, nachdem wir den ersten Derbysieg der Stadtmeisterschaft ausgiebig begossen hatten, aus der Kneipe taumelten, trafen auch schon die ersten Stadiongänger wieder in Charlottenburg ein. Peng, Peng, Peng! Und *HaHoHe – Hertha BSC* riefen wir uns zu und dann ging an diesem Montag wieder jeder vom Sieg beseelt seines Weges. Wir haben es mit der Siegesfeier an diesem Abend nicht übertrieben und bis auf den ehemaligen Hertha-Fan Christopher Quering, den Torschützen des 1:1, wurde auch keinem übel. Sein Zitat nach dem Spiel versüßte uns natürlich den Abend: „Die jubeln in unserem Stadion – das kotzt mich an! Das muss man erst mal verdauen. Mein Tor ist mir scheißegal. Wenn die Wessis in unserem Stadion jubeln, krieg ich das Kotzen."

2013 – Sechs Jahre Stadtmeister

In der Rückrunde der Saison 2012/2013 stand das erneut heiß erwartete zweite Aufeinandertreffen der Berliner Vereine im Olympiastadion an. Sogar ein Fantreffen am Bahnhof Zoo zur gemeinsamen Einstimmung auf das Derby unter dem Motto: „ditt lassen wa uns nicht nehmen" war angesetzt, welches die City West an diesem Nachmittag in Blau und Rot unterteilte. Die Polizei stellte in diesem Fall die Mauer dar, die unser Treffen von der Versammlung am Breitscheidplatz, wo sich die Unioner versammelten, trennte.

Also standen wir im Nieselregen am Bahnhofsvorplatz mit einer umfangreichen Getränkeauswahl aus der Discountertüte und stimmten uns auf das Duell im Olympi lautstark ein, während hinter uns im Bahnhof Zoo S-Bahn um S-Bahn aus Köpenick einlief. Durch die Tore des Bahnhofs standen sich die Fanlager teils Angesicht zu Angesicht wild entschlossen gegenüber, stets geteilt von der Polizei.

Durch das leicht angespannte Verhältnis zwischen Fans und der Polizei, die den Bahnhof für unsere Farben sperrte, fiel es den meisten doch nicht so schwer, sich ditt jetzt mal nehmen zu lassen und den ungemütlichen Vorplatz, auf dem wir uns zwischen Taubendreck, Touristen und dem üblichem Bahnhofspublikum im Regen die Beine in den Bauch standen, zu verlassen und in Richtung Stadion aufzubrechen. Doch ich war unter einigen tapferen Herthanern, die die Stellung an der mittlerweile abgesperrten Kreuzung hielten. Augenblicke später sahen wir sie an uns vorbeiziehen, die Horden von Köpenickern, die lautstark durch die City West zogen in Richtung Bahnhof Zoo. Wir vier, fünf Hanseln im Herthatrikot pöbelten und schimpften wie die Kesselflicker hinter der Absperrung, weil datt ließen wir uns doch nicht nehmen.

Im Stadion selbst saß ich irgendwo dort, wo ich schon bei meinem ersten Derby bei Hertha BSC gegen Blau-Weiß 90 mit meinem Vater gesessen hatte und es dauert nicht lange, bis Hertha BSC vor großer Kulisse erneut verkrampfte. Die Mannschaften waren kaum eingelaufen und die letzten Zeilen von *Nur nach Hause* gesungen, wir nahmen unsere Plätze ein und schon brach Jubel am Marathon-Tor aus. Die Zweitligaallzweckwaffe Simon Terodde hatte für seine Farben getroffen, natürlich direkt vor der Ostkurve. Dieses Mal wehrte sich Hertha allerdings, spielte nach vorne und konnte sich vorerst nicht belohnen. Ganz im Gegenteil. Nach der Pause und dem direkt darauffolgenden zweiten Gegentreffer war das Frustrationslevel, das dieser Verein immer mal wieder beim geneigten Fan verursacht, auf Stufe tausend.

Wir malten uns aus, wie es jetzt laufen würde: Hertha wechselt nach dem 0:2 viel zu spät aus und alle im Stadion warten auf die Schlussoffensive, das leidenschaftliche Anrennen gegen die Defensive, die natürlich einfach ausbleibt, während das Spiel auf der anderen Seite mit dem erstbesten Konter zum 0:3 endet.

Doch es geschah Erstaunliches im weiten Rund: Herthas Spieler hatten noch nicht aufgegeben. Die oftmals als zu unambitioniert und als phlegmatisch verschriene Südamerikafraktion hatte der verfrühten Feier der Roten im Block G und darüber hinaus noch etwas entgegenzusetzen. So bediente Brasilianer Ronny mit einer Ecke Kolumbianer Ramos, der per Kopf zum 1:2-Anschlußtreffer vollendete. Im Olympiastadion keimte ein Funken Hoffnung auf, dieses Spiel zumindest nicht zu verlieren und mit einem Unentschieden die Stadtmeisterschaft doch noch zu gewinnen.

Bis zur 86. Minute mussten die Hertha-Fans darauf warten, dass Ronny sich den Ball aus zwanzig Metern halbrechter Position zurechtlegte. Die Fünf-Mann-Mauer wirkte verunsichert wie bei einem „Jackass“-Stunt. Die Gewissheit schien Einzug zu halten, dass der kommende Freistoß entweder physisch schmerzen würde, sollte dieser mit drölfhundert Kilometern pro Stunde in die Mauer gehen oder mental, wenn der Ball diese Mauer passierte und zugleich knapp 67.000 Berliner Tor schreien würden. Die Erinnerung an das Hinspiel war den Gesichtern in der Mauer abzulesen, als sie, für die TV-Kameras sichtbar, in Richtung Ronny schauten, der unglaublich weit entfernt vom Ball stand. Es waren bestimmt zwölf Meter, die er diagonal anlief, erst tippelnd, dann in sechs großen Schritten. Anders als erwartet verzichtete Ronny auf einen Gewaltschuss, sondern umspielte die Mauer mit seinem linken Zauberfuß und schoss den Ball ganz nach Frank Zander unhaltbar voll hinein ins Gegnertor. Die Gesänge aus dem Westen des Stadions verstummten, der Brasilianer drehte ab in Richtung Haupttribüne, während alle Herthaner im Stadion und vor dem Fernseher von Charlottenburg bis Osaka *Ronnnnnnny* brüllten, der Südamerikaner beim Jubeln im Schnee hinter der Bande ausrutschte und liegen blieb. Bilder für die Ewigkeit. Ronny war spätestens in diesem Moment der Gegenentwurf zu Thorsten Mattuschka auf der anderen Seite geworden und seine Tore, die uns die Stadtmeisterschaft bescherten, lassen bis heute bei jedem Herthaner das Herz höherschlagen.

Wer hätte gedacht, dass diese vier Duelle nur ein erster Aufgalopp der Stadtmeisterschaft gewesen waren?

2019 – Endlich wieder Derby

Die folgenden Jahre waren bei Hertha BSC von Höhen und Tiefen, so abgedroschen das klingen mag, gekennzeichnet. Die Stadtmeisterschaft war ans Revers geheftet und schnell wieder vergessen. Sie erfüllte nur wenige wirklich mit Stolz, da wir erneut unser Heimspiel im Olympiastadion nicht gewinnen konnten. Die vier Duelle mit dem Stadtrivalen hatten die Rivalität deutlich verschärft. Die Köpenicker hatten sich als klarer Underdog in diesen Partien so gut geschlagen, dass niemand bei Hertha BSC den Rivalen 1. FC Union Berlin noch als Leichtgewicht ansah. Es tat sich was im Südosten der Stadt und wir hatten Union jetzt als etablierten Zweitligisten auf dem Schirm, ohne zu viel an die Alte Försterei schielen zu können, weil es bei uns selbst turbulent weiterging. Trainer Jos Luhukay spielte zwar mit Hertha eine überragende Hinrunde nach dem Aufstieg in die Bundesliga und verschaffte Michael Preetz im dritten Versuch seinen ersten Klassenerhalt, aber schon in der nächsten Saison war so viel Sand im Getriebe, dass Preetz reagierte und den Rekordspieler Pál Dárdai auf die Trainerbank schickte. Auch bei Union musste Trainer Uwe Neuhaus, der die Eisernen in der Zweiten Bundesliga etabliert hatte, irgendwann seine Koffer packen. Nach dem ein oder anderen Versuch an der Seitenlinie fand Union mit Urs Fischer den Trainer, der das Mantra durchbrach, nur oben dabei sein und nicht aufsteigen zu wollen.

Gebannt saß ich sechs Jahre nach dem letzten Pflichtspiel gegen Union Berlin vor dem Fernseher, als die Eisernen in der Relegation das Undenkbare schafften und in die Bundesliga aufstiegen. Berlin hatte plötzlich zwei Bundesligisten und ich war bei dieser Vorstellung „all in". Es winkten wieder zwei Spiele um die Stadtmeisterschaft und ungleicher konnten die Ausgangspositionen nicht sein.

Wir waren der mittlerweile etablierte Bundesligist, dem das Bundesligamittelfeld und die sichere Spielweise, diesen zu erreichen, zu langweilig geworden war. Hertha träumte vor der Saison von höheren Zielen, man hatte die Hebel identifiziert, um die Lücke zu der zementierten Spitze aus fünf bis sechs Mannschaften, zu der man um die Jahrtausendwende selbst gehört hatte, zu überbrücken. Der Investor, der diesen Weg finanzierte, war aus dem Schatten ins Licht getreten. Doch aus der erhofften Berliner Version von Bruce Wayne, der wohltätig sein Geld in Hertha BSC steckt, allseits beliebt ist und nur das Beste für den Sport möchte, wurde Lars Windhorst und Houston, wir hatten ein Problem. Von Pál Dárdai hatte man sich vor der Saison „einvernehmlich" getrennt und als das erste Bundesligaderby der Geschichte, das Hinspiel der Stadtmeisterschaft 2019/2020 angepfiffen wurde, stand der ehemalige U-23 Trainer Ante Čović an der Seitenlinie. Es war das dritte Mal auswärts an der Alten Försterei und das dritte Mal hieß es Kneipe für mich. Aber über die Jahre hatte sich ein Wechsel vollzogen. Vom *Veritas* in der Krumme Straße waren wir, um Herthaspiele zu verfolgen, mittlerweile ins *Mittendrin* ein paar Meter weiter in die Pestalozzistraße umgezogen. Wir tauschten die Eintracht-Frankfurt-Fanclub-Urkunde an der Wand gegen das gerahmte Marcelinhotrikot, das vermutlich eher jemand vom Flohmarkt, als aus dem Hertha-Shop mitgebracht hatte. Unser Stammtisch war reserviert und alle waren bester Laune, als uns Kellnerin Gisela wie immer bei Herthaspielen den Humpen im Herthatrikot servierte. Heute muss gewonnen werden, da war man sich im *Mittendrin* einig, damit gar nicht erst Missverständnisse aufkommen, wer das Sagen in der Stadt hat. Die ehemalige Freundschaft hinter Stacheldraht wurde auch hier nur noch von einigen wenigen Altsemestern beschworen. In einem Spiel zum Vergessen, das nichts als ein 0:0 verdient hätte und später ausschließlich von sich reden machen wird, weil Chaoten aus dem Herthablock mit Pyrotechnik auf die Tribüne gefeuert hatten, zeigte Deniz Aytekin in der 87. Minute auf den Punkt. Aytekin gab Elfmeter für den 1. FC Union nach einem vermeintlichen Foul von Boyata an Gentner, der bereits weit über das Tor geschossen hatte und im Nachgang am Standbein getroffen wurde. Sebastian Polter verwandelte zum 1:0 und alles, was von diesem Spiel bleibt, ist Frust. Der Kicker schreibt dazu: „Ein spannendes, aber auch höhepunktarmes und recht zähes Spiel ohne fußballerische Finesse.“ Und vergibt die Note 4,5. Nach Abpfiff des Spieles, welches zwei Mal aufgrund von Pyroshows unterbrochen werden musste, versuchten Vermummte aus dem Unionblock, zum Herthablock vorzudringen, konnten aber von Köpenicker Spielern zurückgehalten werden. Es waren die Tage, kurz bevor bei Hertha BSC jegliche Ordnung den Bach runter ging. Čović wirkte auf der Pressekonferenz nach dem Spiel überfordert und konterte die Kritik des schwachen Auftritts an der Alten Försterei damit, dass Hertha in der Tabelle weiter vor Union stehe. Dies tröstete keinen der Fans, die sich in Blau und Weiß gekleidet auf den Weg nach Köpenick gemacht hatten, die teilweise weite Strecken gefahren waren, um ihre Farben, um Hertha BSC am anderen Ende der Stadt zu unterstützen. Uns in der Kneipe holte das Statement auch nicht ab. Allein dieses Zitat kostete Ante Čović sehr viel Kredit bei den Anhängern von Hertha BSC. Wir, der etablierte Bundesligist müssen vor einem Aufsteiger, der seine erste Bundesligasaison spielt, stehen. Erst recht, wenn gerade massiv Geld in den Verein gepumpt wurde. Dieser ambitionslose Auftritt von Hertha BSC war der Anfang einer Kausalkette, die in der Demission Čović und der Installation Jürgen Klinsmanns als neuem Cheftrainer endete.

2020 – Das Geisterspiel

Silvester 2020 saßen wir zu Hause in kleiner Runde beisammen und stießen auf die goldenen Zwanziger an, die jetzt kommen sollten. Die Stimmung war gut, aber nicht ausgelassen, wie so oft an Silvester machte dann doch jeder seins. Nach dem obligatorischen Anstoßen und Beobachten des Feuerwerks, welches hinter den Dächern einer mehrspurigen Straße fast vollständig verschwand, wollten wir noch durch die Kneipen ziehen. Die erste Empfehlung unseres Gastes, die uns durch die kleinen Gassen des auch an Silvester verschlafenen Wilmersdorf führte, hatte an diesem Feiertag geschlossen. Also saßen wir nicht viel später am *Stutti* in der Kultkneipe *Zum Hecht*, wo das Silvesterfest in vollem Gange war. Im rauchigen Ambiente erzählte uns der Herr vom Nebentisch zum Sound der Achtziger und Neunziger von AC/DC, seiner erste Vinylscheibe und wie datt ganze Ding namens Leben so wirklich funktionierte. Ein klassischer Kneipenabend halt, der uns an Silvester doch etwas enttäuscht zurückließ, was allerdings kein Beinbruch war, weil wir 2020 noch genug Feste zu feiern haben würden.

In einer Dokumentation würde der Sprecher den Zuschauern jetzt folgende Frage stellen: „Hätten sie den Abend mehr wertgeschätzt und genossen, wenn sie gewusst hätten, was auf sie zukäme?“ Wir hatten keine Ahnung, dass sämtliche Feste, wie lange geplante runde Geburtstage oder unsere Trips zur NFL nach London und jede einzelne Auswärtsfahrt ins Wasser fallen würden. Aber wenigstens hatten wir noch Hertha BSC, den Verein, der im Winter auf dem Transfermarkt zum Transferweltmeister mutierte. Hertha BSC holte unter Jürgen Klinsmann, der von Preetz Verstärkungen

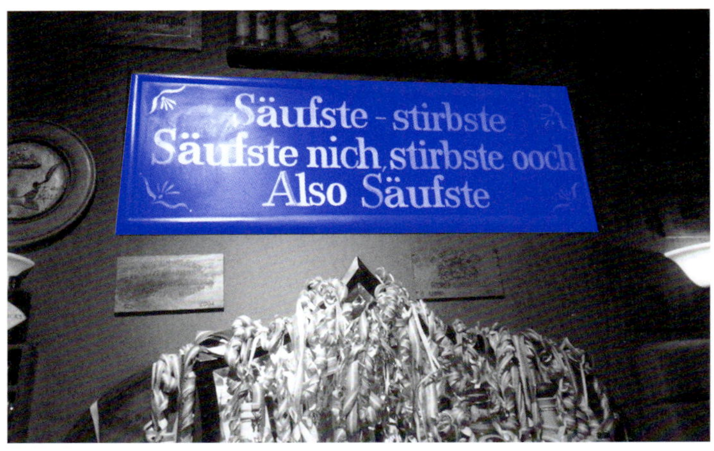

forderte, *Santi* Ascacíbar aus Stuttgart, Lucas Tousart aus Lyon, Krzysztof Piątek aus Mailand und Mattheus Cunha vom Rasenball Sport. Im Umfeld von Hertha BSC machte sich im Frühjahr 2020 Euphorie breit und der Rechenschieber wurde bei einigen bereits bemüht, um zu schauen, ob wir nicht doch nochmal an die internationalen Plätze anklopfen könnten. Die Karten für das Rückspiel gegen den 1. FC Union gingen weg wie warme Semmeln und auch wir hatten wieder Karten geordert, um irgendwann, als Klinsmann schon längst wieder weg war, nur noch zu hoffen, dass das Spiel überhaupt mit Zuschauern stattfinden könne. Mit dem Abpfiff im Heimspiel gegen Werder Bremen im März 2020 hielt auch die traurige Gewissheit Einzug, dass die Bundesligasaison aufgrund der Corona-Pandemie unterbrochen wurde. Die Stadtmeisterschaft war bis auf Weiteres verschoben. Es dauerte bis in den Monat Mai, bevor die Mannschaften wieder aufs Feld kamen und den Spielbetrieb aufnahmen. Nach einem fulminanten 3:0-Auswärtssieg in Hoffenheim vor leeren Rängen stand dann endlich das Derby an.

Statt vor einer phänomenalen Kulisse mit 74.000 Zuschauern, die sich lautstark mit Gesängen, Choreografien und Bengalischem Feuer duellierten, waren allein die nicht besetzten grauen Sitzschalen mit dem kleinen Nummernschild auf der Rückenlehne Zeugen eines phänomenalen 4:0-Heimsieges von Hertha BSC. In der dritten Auflage der Stadtmeisterschaft war es endlich ein deutlicher Sieg im heimischen Olympiastadion, gleichzeitig ein Statement: die Vorherrschaft in der Stadt war zementiert. Wie lange hatten wir darauf gewartet, dass die disziplinierten Unioner aus der Struktur fallen und unseren flinken Angreifer nicht auf Schritt und Tritt folgen konnten? Sehr lange!

Der Tag war da und wieder konnten wir die gewonnene Stadtmeisterschaft nicht ausgiebig feiern, weil die Kneipen und Clubs, durch die wir bis spät in die Nacht ziehen würden, schlicht und einfach geschlossen hatten. Die Herthaspieler waren in Gedanken bei uns, den Fans, die normalerweise hinter dem Tor alles geben für Hertha BSC und feierten symbolisch die Stadtmeisterschaft vor der leeren Ostkurve.

Ich machte mir daheim ein Bier auf und genoss den Derbysieg still und leise.

2020 – Der Tritt

Es ist 2020, seit Monaten legt die Corona-Pandemie Berlin, Deutschland und die Welt lahm. Hertha BSC hat zu kämpfen, nicht nur zum wiederholten Mal und auf ermüdende Art und Weise gegen den Abstieg, sondern auch um seinen Platz in der Gesellschaft. Der Fußball, seit Dekaden liebevoll die schönste Nebensache der Welt genannt, und von vielen doch als Hauptsache begriffen, scheint an seiner Wichtigkeit zu verlieren und Hertha BSC, der Verein, der für viele Fußballfans kaum greifbar ist, muss besonders kämpfen.

Das Narrativ der Spaltung der Gesellschaft rankt sich nunmehr nicht mehr lediglich um Blau-Weiß oder Rot-Weiß, um Herthaner oder Unioner oder außerhalb des Berliner Mikrokosmos', ob du es mit Bayern oder Dortmund hältst, sondern um tatsächliche gesellschaftspolitische Themen, die im Zuge der Pandemie aufgekommen sind.

Bevor 2020 die Corona-Pandemie Deutschland erreichte, stritten wir Fußballfans um Fanrechte, rangen mit dem DFB, wurden Zeugen eines absurden Schauspiels im Hoffenheim, als zweiundzwanzig Spieler, *Kalle* Rummenigge, die TSG-Fans und der SKY-Kommentator einem im Regen stehenden Milliardär applaudierten, nachdem beim Stand von 0:6 großmütig das Spielen eingestellt wurde, weil der Mäzen eines Dorfvereins Schmähgesänge erleiden musste.

Nach all diesen Grabenkämpfen, die beim jeweils nächsten Spieltag in einer Eskalation enden könnten, war auf einmal Schluss mit Fußball, dem Spiel, aber nicht den Vereinen. Obwohl der Ball ruhte, bestimmten die Fans weiterhin die Schlagzeilen. An vielen Orten gingen die Ultras einkaufen für die Menschen, für welche das neue Virus als besonders gefährlich galt und der Einkauf ein zu hohes Risiko darstellte. In anderen Vereinen wurde virtuelles Bier verkauft und bei Hertha BSC waren die Fans besonders kreativ. Herthas Anhänger setzten ein Programm zur Rettung der Herthakneipen auf, fuhren im Sommer literweise Wasser für Obdachlose aus und im Winter lieferten sie wärmende Suppe. All dies geschah auf Initiative der Fans mit Unterstützung des Vereins, der half, wo er konnte.

Aus der Not hinaus keinen Hauptsponsor mehr zu haben, der sich auf dem Trikot präsentierte, machte Hertha nach dem spontanen Ausstieg von Tedi eine Tugend. Hertha warb auf der Brust des Trikots für die „AHA-Regeln" und suchte im Heimspiel gegen Eintracht Frankfurt unter dem Motto „für Pauline" einen Stammzellenspender für die kleine, an Blutkrebs erkrankte Pauline. Für die Stadtmeisterschaft hatte der Verein dann eine faustdicke Überraschung im Gepäck. Gegen die Köpenicker, die mit einem nicht unumstrittenen Immobilienunternehmen auf der Brust aufliefen, brachte Hertha BSC die „Aktion Hertha Kneipe" auf die Brust des blau-weißen Trikots, was einer Verneigung an die aktive Fanszene und speziell die Initiatoren der Aktion zu verstehen war. Ein astreiner Konter für den von Unionpräsident Dirk Zingler ausgerufenen Klassenkampf.

Das besondere Trikot beflügelte Hertha in der Anfangsphase der Partie vor erneut leeren Rängen leider wenig und so war es der 1. FC Union Berlin, der mit dem ersten Torschuss durch Awoniyi in Führung ging. Als Torhüter Schwolow den Ball nach zwanzig Minuten aus dem Netz holte, dachten die wenigsten Hertha-Fans daran, dass nach Rückstand gegen eine von Urs Fischer trainierte Mannschaft noch Zählbares rausspringen würde. In diesem Derby haben wir es ganz allein dem völlig übermotiviert agierenden Robert Andrich zu verdanken, dass wir zurück ins Spiel fanden. Der bei Hertha BSC ausgebildete Mittelfeldspieler ging trotz der 1:0-Führung schon drei Minuten später so robust in einen Zweikampf gegen Herthas

Millionenneuzugang Lucas Tousart, dass dieser vom gestrecktem Bein Andrichs am Kopf getroffen auf dem taufrischen Rasen des Olympiastadions zusammensackte. Dr. Felix Brych zögerte nicht lange und hielt die Rote Karte in den Berliner Nachthimmel. Mit diesem Tritt hatte Andrich seinem Ausbildungsverein, von dem er laut Zecke Neuendorf weiterhin ein großer Fan ist, ungewollt ein Geschenk gemacht, was Hertha nicht sofort, aber im Laufe des Spiels gerne annahm. Die erste Hälfte überstand Union noch in Überzahl, musste aber in Hälfte zwei gleich drei Mal den Ball aus dem Netz holen. Nach Pekaríks Ausgleichstreffer besiegelte der eingewechselte Joker Piątek den 3:1-Sieg mit einem Doppelpack. Peng, Peng, Peng!, nein, nicht Ronny, sondern *il Pistolero* hatte Hertha zum Sieg geschossen und den einmaligen Auftritt mit der „Aktion Hertha Kneipe" auf der Brust vergoldet.

2021 – Steh auf

Bei diesem Aufeinandertreffen zwischen Hertha BSC und dem 1. FC Union im Rückspiel um die Stadtmeisterschaft gab es nur außerhalb des Stadions an der Alten Försterei ein Feuerwerk. Es fühlte sich in dieser Partie wenig nach Derby an, so ganz ohne Zuschauer auf den Rängen. Der ehemalige Herthaner Robert Andrich traf früh zur Führung für Rot-Weiß, aber 25 Minuten später konnte Dodi Lukébakio per Elfmeter ausgleichen. In einer Partie, in der es 65 Minuten lang Unentschieden stand, wurde es nur einmal hitzig. Herthas Giftzwerg *Santi* Ascacíbar war an der Außenlinie auf Betriebstemperatur gekommen, als Nico Schlotterbeck nach einem Zweikampf nicht schnell genug aufstand. Freundlich bat er den heutigen Dortmunder, deutlich über die Außenmikrofone hörbar, mit den Worten: „Steh auf, Arschloch!", bitte wieder am Spiel teilzunehmen. Im Gegensatz zum ehemaligen Herthaner Andrich wurde der Argentinier jedoch zum Unmut aller Eiserneren nicht vom Platz gestellt. Der Endstand in einer ereignisarmen Partie von 1:1 sicherte Hertha BSC die dritte Stadtmeisterschaft in Folge.

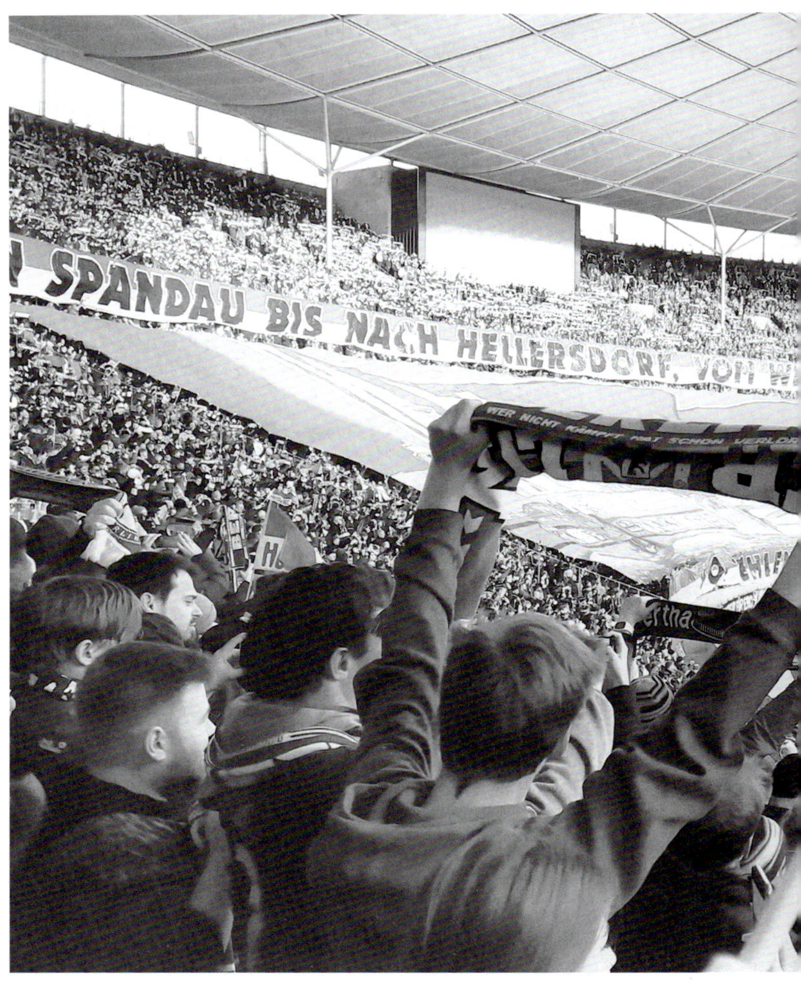

2021 – Der Kindergeburtstag

Sport, Fußball und Hertha BSC nehmen in meinem Leben einen großen Teil ein. Objektiv muss man sagen, dass dieser Teil vermutlich sogar zu groß ist und ich froh sein kann, dass ich mit einer ehemaligen Leistungssportlerin liiert bin, die meinen Sportkonsum zumindest ansatzweise verstehen kann. Trotzdem kann es passieren, dass die großen Feste wie Taufen, Hochzeiten, (runde)

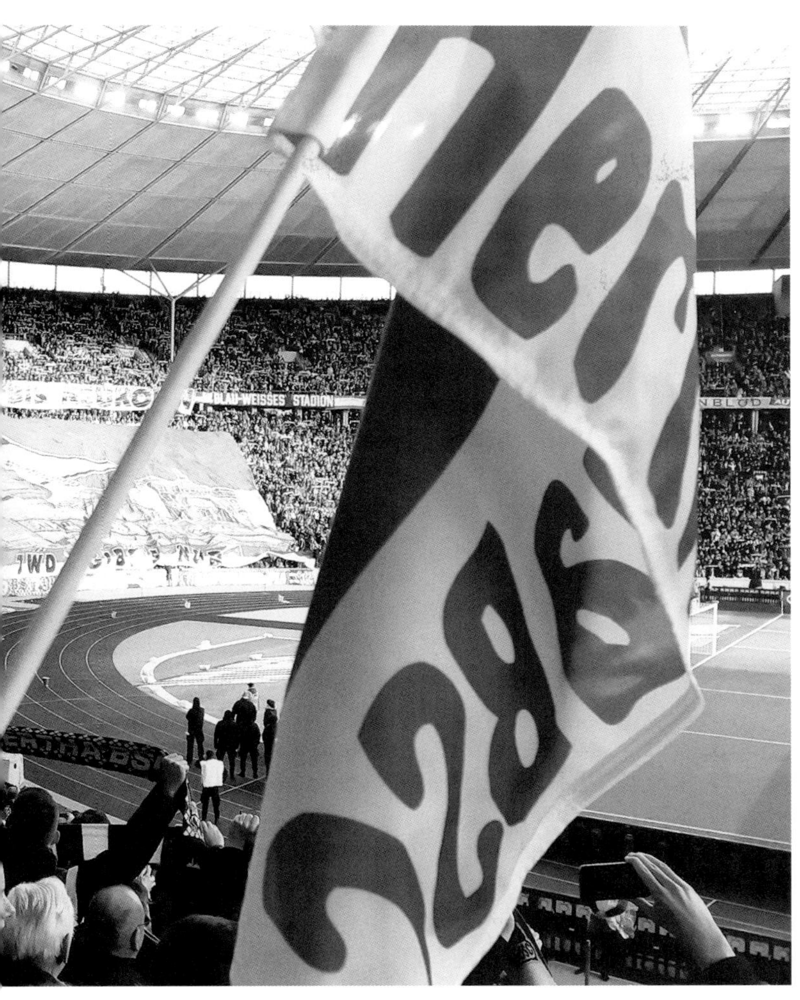

Geburtstage der (Schwieger-)Eltern auf Spieltage von Hertha BSC fallen. Es sind die Momente, wo ich die Augenbraue hebe und denke, keiner hat es so schwer wie ich. Meine Angespanntheit bei Spielen von Hertha BSC und fröhliches Feste feiern passen selten gut zusammen. Akribisch gehe ich bereits Monate im Voraus die Terminkalender durch, um mögliche Terminkonflikte zu erkennen. Bei diesem Derby fiel das Spiel in Köpenick auf den Geburtstag meines Neffen, der eigentlich der Neffe meiner Freundin ist, wobei ich da keinen Unterschied mache. Also saß ich zu Spielbeginn im Kinderzimmer mit meinem Neffen, dessen Herz eher für ALBA Berlin als für Hertha schlägt, und wir schauten im Zentrum Berlins, genau in der Mitte zwischen beiden Stadien, das emotional aufgeladene Derby. Wer mich und meine Begeisterung für Hertha BSC bei selbst oft unansehnlichem Fußball kennt, weiß, dass es eine Liebeserklärung ist, dass ich nicht mit den Kumpels im Trikot bei Bier und Mampe das Spiel verfolgt habe.

Vielleicht war es besser, dass ich das Spiel auf dem Sofa, wo üblicherweise Nintendo Switch gezockt wird, quasi zwischen Lego, Mario Kart und Minecraft verfolgt habe, ansonsten hätte ich vielleicht unflätig geflucht oder die Fernbedienung in den Bildschirm geschmissen. Nach acht Minuten war das Derby eigentlich gelaufen, als Márton Dárdai bei einem Rückpass über den Ball senste und Union direkt traf. Komplettiert wurde der Frust durch einen weiteren Treffer, der trotz verdächtiger Abseitsposition gegeben wurde, während Hertha der Anschlusstreffer vor der Pause aufgrund einer nicht ganz unumstrittenen Abseitsstellung durch den VAR genommen wurde.

Natürlich blieben die Sprüche in der Familie, in der Hertha-Fans eher in der Minderheit sind, nicht aus, aber Kinder und Familie, die Menschen, wo man sich wohl fühlt, nehmen einem schnell den Frust und am Ende des Abends konnte ich doch wieder lachen.

2022 – Der Letzte mit der Fahne

So richtig hatte ich nicht mehr damit gerechnet, in der Saison 2021/22 noch ein Heimspiel von Hertha BSC live im Olympiastadion zu erleben. Mein letztes Heimspiel war die 0:5-Niederlage gegen den FC Köln am 22. Februar 2020. Dann kam die Corona-Pandemie auch in Deutschland an und die bereits gekauften Karten für die Stadtmeisterschaft wurden nie verwendet. Die Bundesliga pausierte, das Derby wurde verschoben und fand schließlich als Geisterspiel im Mai statt.

Knapp zwei Jahre lang blieb ich Herthaspielen fern. Fußball hatte sich auf die Mattscheibe verlagert und an Wichtigkeit verloren. Hertha spielte im sowieso schon überdimensionierten Olympiastadion vor leeren Rängen, ob die Sonne schien, es schneite oder regnete. Fußball füllte nicht mehr ganze Tage, sondern die Sogwirkung des Sports umfasste nunmehr nur noch 90 Minuten. Auch die organisierte Fanszene blieb den Spielen fern, bis endlich wieder alle ins Stadion durften, ob das nun eine gute Idee war oder nicht. Ich war skeptisch, mich wieder ins Stadion zu begeben, aber als es feststand, dass das Derby vor vollem Haus stattfinden darf, spürte ich des Fußballs Klauen schon wieder im Nacken und traute mich zurück. Vieles hatte sich gewandelt seit meinem letzten Stadionbesuch. Auf einmal waren wir klarer Außenseiter gegen den 1. FC Union Berlin und Felix Magath hatte bei uns auf der Bank Platz genommen.

Maximal angespannt machte ich mich mit U- und S-Bahn auf in Richtung Stadion und schnell musste ich erkennen, wie sehr sich die Welt des Fußballs in der Zwischenzeit verändert hatte.

Große Teile der Unionfans hatten regelrecht einen Höhenflug und griffen ganz offen nach unserem Skalp. In der S-Bahn wurde sich über jeden Herthaspieler oder Trainer verächtlich gemacht und jedes noch so kleine Missgeschick in Blau-Weiß wurde genüsslich und laut genug ausgewertet. Waren wir den Köpenickern doch gar nicht so egal?

Angekommen im Olympiastadion entfaltete das altehrwürdige Rund wieder sofort diese unbeschreibliche Atmosphäre, wenn sich die Ränge Stück für Stück füllen, bis irgendwann alle 74.000 Plätze besetzt sind und sich die Fanlager lange vor Anpfiff lautstark duellieren.

Im Olympiastadion herrschte eindeutig Derby-Atmosphäre, als die Ostkurve anstimmte *Ich bin wieder hier in meinem Revier*, zu Tausenden *Scheiß Union* als musikalischen Gruß ans andere Ende des Stadions sendete und beim Einlauf der Mannschaften eine Choreo zum allseits bekannten Motto: UNIONER KOMMEN AUS KÖPENICK, HERTHANER AUS BERLIN! zeigten und sich im Anschluss blau-weiß gestreift präsentierten.

Auf beiden Seiten wurden die Pyros gezündet und das Derby nahm seinen Lauf.

Wer dachte, es wird schwer, sich wieder an Fußball im Stadion zu gewöhnen, dem machte es dieses Spiel einfach. Es wurde gejubelt, gepöbelt, geschimpft, nachdem erst Union 1:0 in Führung ging und Hertha zum 1:1 ausglich. Als Prömel kurz darauf wieder per Kopf

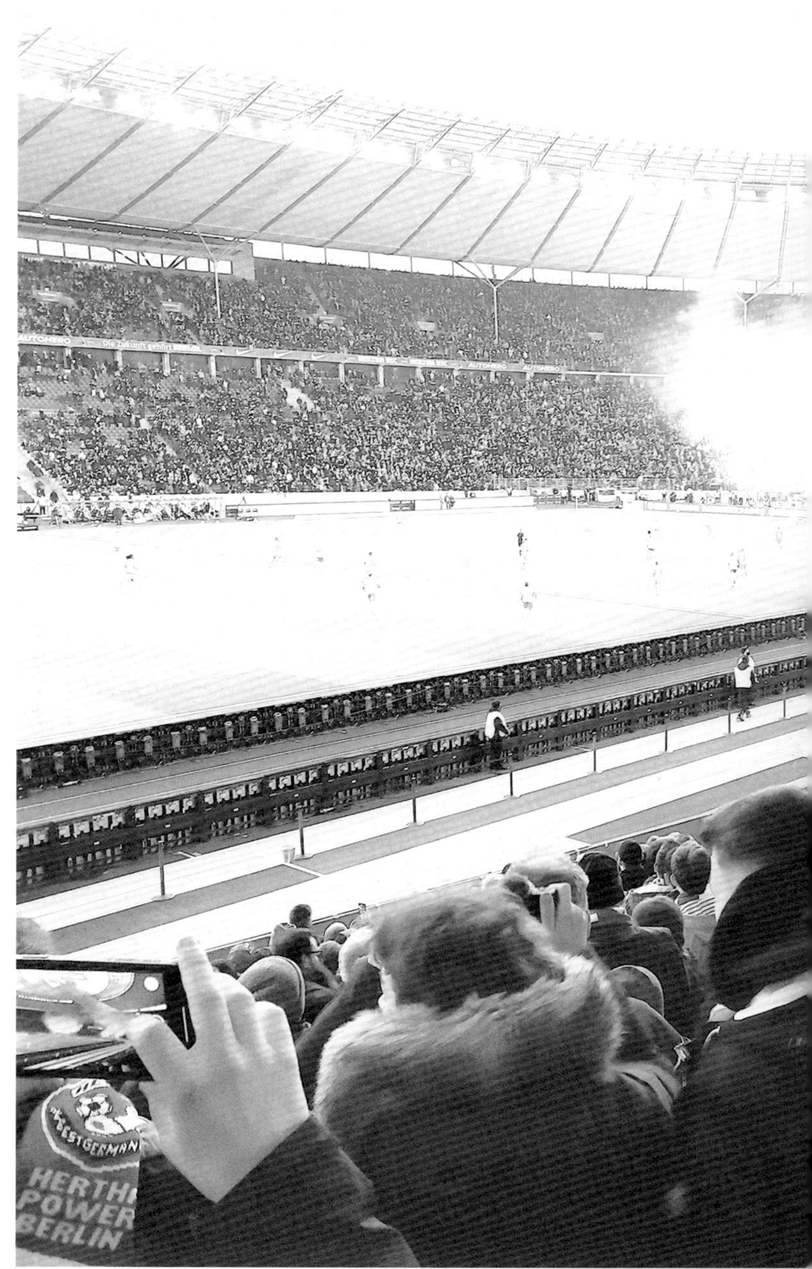
AUTOHERO
Die Zukunft gehört
AUTOHERO
AUTOHERO
HERTH
POWER
BERLIN

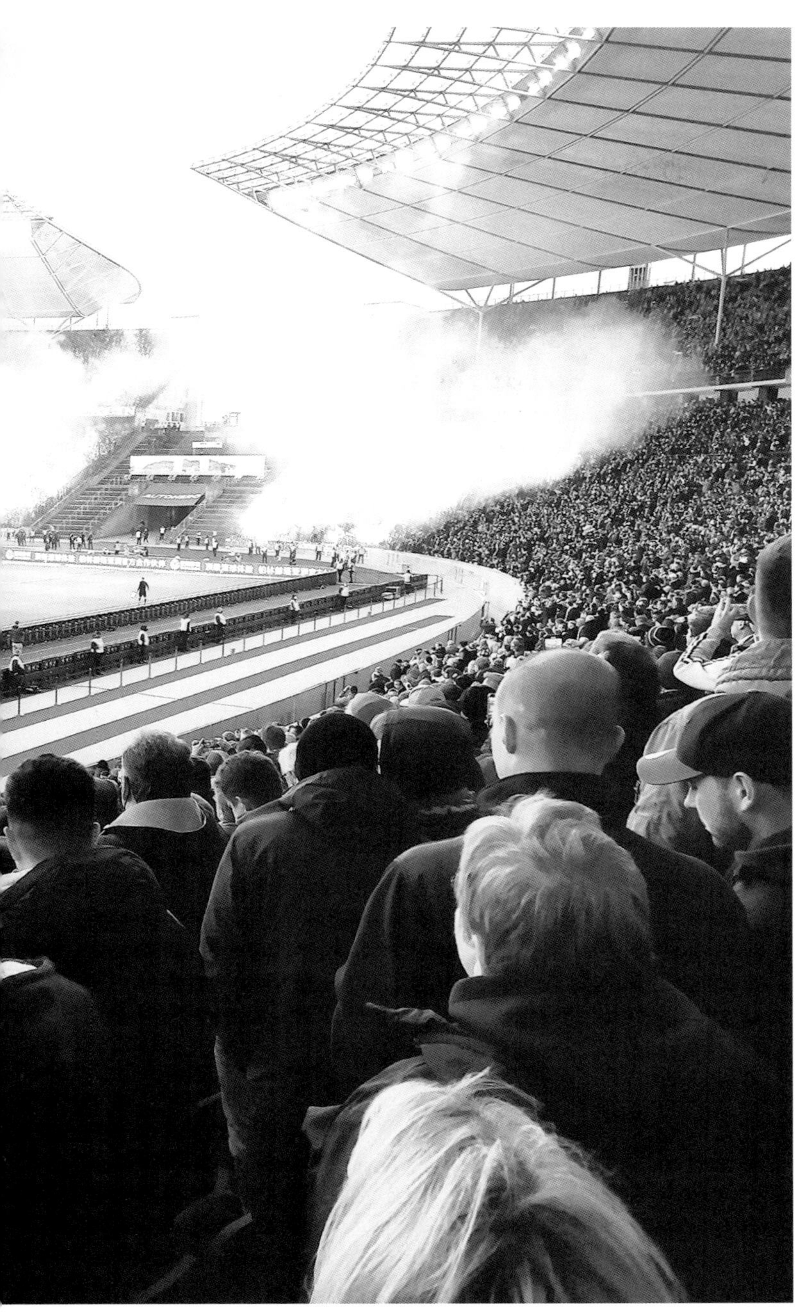

auf 2:1 erhöhte und vor unserem Block ausgiebig jubelte, war es vorbei mit aller Zurückhaltung. Ich stieg auf meinen Sitz, damit der Torschütze mich auch sah, während ich ihn unflätig durchbeleidigte. Das ist Fußball und ich will weder missen, dass Torschützen provokant jubeln, noch, dass ich dabei noch etwas fühle und viel zu überzogen reagiere, was mir im Nachhinein natürlich immer etwas peinlich ist.

Das Spiel endete mit 1:4 und die Stadtmeisterschaft wanderte nach zehn Jahren zum ersten Mal wieder nach Köpenick. Am Marathontor nahm die Feier richtig Fahrt auf, während die meisten Herthaner gesenkten Kopfes das Stadion verließen. Die Fans, die heute alles gegeben hatten für den Derbysieg, waren bitter enttäuscht. Zu Tausenden waren sie gemeinsam vom Lietzenseepark bis zum Stadion organisiert marschiert, haben sich die Kehle aus dem Leib gesungen, ohne von der Arbeit für die riesige Choreografie anzufangen. Der Frust entlud sich im Anschluss an den Spielern, die bedröppelt vor der Ostkurve standen und denen von Einzelnen nahegelegt wurde, ihr Trikot abzulegen, denn sie seien es nicht wert, die Herthafahne auf der Brust zu tragen. Ein Affront, der zu einem wochenlangen Bruch zwischen Ultras und Fans führte, der erst im letzten regulären Heimspiel der Saison beigelegt wurde. Davor hatten sich Fans und Mannschaft nicht mehr viel zu sagen und jede Vermittlung scheiterte.

Ich sah die traurigen Szenen in der Ostkurve auf der einen Seite und die Feier auf der anderen Seite. Es sind diese Momente, aus denen ich Motivation schöpfe und so bewegte ich mich nicht vom Fleck, sondern schaute mir ganz genau an, wie auf der anderen Seite ausgiebig gefeiert und gesungen wurde. Ich nahm jeden Schmähgesang mit nach Hause. Die Herthafahne schwenkte ich dabei weiter, auch wenn meine Welt in Trümmern lag. Drei verlorene Derbys in einer Saison, denn auch im Pokal musste man sich Union geschlagen geben, waren schon sehr bitter. Doch ich schwenkte die Fahne, als das große Gedrängel auf dem Weg nach draußen anfing, als unsere Spieler in die Katakomben verschwanden, als sich die Ostkurve leerte und ich schwenkte die Fahne, als ich irgendwann doch in Richtung Ausgang marschierte und kaum noch blau-weiße Farben im Rund zu sehen waren.

Dieses Spiel würde mich nicht brechen und die Erinnerungen an diese bittere Partie werden den nächsten Derbysieg umso schöner machen.

Auf dem Weg nach Hause schrien die Fans wieder wenig kreativ: *Scheiß Union, Scheiß Union*, wie fast nach jedem Heimspiel, wobei das Lied *Unioner kommen aus Köpenick* die weit einfallsreichere Variante ist.

Sicher es ist schwer für uns, damit umzugehen, erstmals seit den Achtzigerjahren nicht mehr die sportliche Nummer eins in Berlin zu sein und trotzdem sollten wir unsere Wunden lecken und uns auf unsere Stärke besinnen, anstatt uns Spieltag für Spieltag an Union Berlin abzuarbeiten. Wir haben im Verein so viele Hausaufgaben zu bewältigen, dass für Grabenkämpfe außerhalb der Stadtmeisterschaft keine Zeit mehr ist. Packen wir es an!

Wie wir zum Big City Club wurden

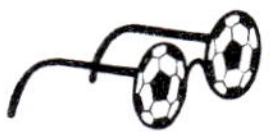

Der Sonnenkönig geht

In der Saison 2008/2009 setzte Dieter Hoeneß noch einmal alles auf eine Qualifikation für die Champions League. Am Ende scheiterte der Traum der Rückkehr in die Königsklasse an einer 0:4-Niederlage in Karlsruhe. Im Anschluss der verpassten Qualifikation krachte es in der blau-weißen Welt so gewaltig, dass Dieter Hoeneß überstürzt seine Koffer packte und Hertha BSC den Rücken kehrte. Der Abgang führte in Berlin zu gemischten Gefühlen. Wie ist die Hoeneß-Ära in der Retrospektive nach zwölf Bundesligasaisons und einer Saison in der Königklasse zu bewerten?

Da gab es das eine Lager, das schon länger auf einen Abschied von Dieter Hoeneß hingearbeitet hatte, aber in der letzten Saison mit einer auf der Zielgeraden verspielten Meisterschaft und Champions League etwas verstummt war. Der Gruppe war neben der Alleinherrschaft auf der Geschäftsstelle auch das finanzielle Wirken unter Hoeneß ein Dorn im Auge. Da die Champions-League-Wette Jahr für Jahr nicht aufgegangen war, erschöpften sich auch die finanziellen Mittel von Hertha BSC, auf dem Transfermarkt tätig zu werden. Es war sogar gegenteilig. Hertha sah sich damit konfrontiert, Spieler abgegeben zu müssen, um wieder etwas Luft zum Atmen zu haben. Für das andere Lager war Hertha BSC ohne Dieter Hoeneß nicht vorstellbar und für diese Anhänger roch es nach interner Sabotage, als Hoeneß weitere Transfers und ein „weiter so“ versagt wurde.

Nachdem 2009 mit Dieter Hoeneß ein Teil des deutschen Fußballadels Hertha BSC verlassen hatte, präsentierte Herthas neuer Präsident Werner Gegenbauer (nach dem Machtkampf mit seinem ehemaligen Golfkumpel Dieter Hoeneß) Herthas Rekordtorschützen Michael Preetz als Nachfolger in der Geschäftsführung von Hertha BSC.

Die Rückkehr von König Artur

Der ehemalige Vizepräsident der Spielergewerkschaft VDV war seit 2003 mit dem Ende seiner Spielerkarriere ins Management von Hertha BSC in die Assistenz zu Dieter Hoeneß gewechselt. Viele Fans, denen Preetz noch als Herthakapitän präsent war, setzten große Hoffnungen in den *Langen*. Doch Preetz Popularitätswerte dürften nicht gestiegen sein mit der ausbleibenden Vertragsverlängerung von Marko Pantelić, um die es bei Hertha BSC schon lange vor Saisonende rumorte, der nicht realisierten festen Verpflichtung von Andrij Woronin und dem Verkauf von Josip Šimunić zum Dorfverein aus Hoffenheim.

Und sogleich legte Michael Preetz mit einer kontroversen Verpflichtung nach. Für die vakanten Positionen im Sturm verpflichte Preetz nicht wie Hoeneß einen torhungrigen, umworbenen Brasilianer oder einen Outcast wie Marko Pantelić, sondern den altbekannten, bei Hertha-Fans in Ungnade gefallenen Artur Wichniarek. Wichniarek kam mit Fredi Bobic und Niko Kovač in der Saison 2003/2004 zu Hertha BSC und konnte, wie auch Bobic, die in ihn gesetzten Hoffnungen zu keinem Zeitpunkt erfüllen.

Umso besser lief es allerdings stets gegen Hertha BSC. Dann schenkte *König Artur* Hertha zuverlässig Treffer ein. In drei der letzten vier Partien hatte der polnische Nationalspieler, mittlerweile in den Diensten von Arminia Bielefeld, gegen den BSC getroffen. Mit Wichniarek im Kader blieb Hertha so sechs Spiele gegen Arminia Bielefeld sieglos und die Blau-Weißen konnten sogar einmal durch einen Treffer des ehemaligen Berliners bezwungen werden.

Einen Spieler, der in der Bundesliga innerhalb von zweieinhalb Jahren für Hertha ganze vier Tore erzielt hatte und nie nach Berlin zu passen schien, war also bei Michael Preetz erste Wahl. Am Ende des Engagements von Artur Wichniarek, der einen Teil seiner Ablösesumme von 700.000 Euro selbst bezahlte, um nach Berlin zurückzukommen, standen 49 Bundesligatore in 215 Partien. 45 dieser Tore erzielte der Stürmer für Arminia Bielefeld. Für Hertha BSC kam nach seiner Rückkehr kein Bundesligatreffer hinzu.

Die Pressekonferenz

Mit einem nicht bundesligatauglichen Kader wollte auch Lucien Favre nicht länger arbeiten und warf nach einem 1:5 in Hoffenheim, der sechsten Niederlage in Folge, spektakulär hin. Alle Überredungsversuche in der Teeküche Hoffenheims scheiterten. Mit einer eilig einberufen Pressekonferenz, nicht von Seiten Herthas, sondern von Lucien Favre im Hotel Adlon, fiel das Fazit des Schweizer Meistertrainers wenig freundlich aus. „Hertha BSC hat den Abschied von Dieter Hoeneß nicht verkraftet. Dieser Umstand hat meine Arbeit erschwert", las Favre von einem Stoß Manuskriptblätter ab.

Die neuen Macher bei Hertha BSC, Michael Preetz und Werner Gegenbauer bekamen ihr Fett weg. Es gab ein mittleres Erdbeben in der Hauptstadt, als der geschasste Trainer keinen Hehl daraus machte, wie wenig er mit dem Herthajahrgang der Saison 2009/2010 zufrieden war und Hertha (laut Tagesspiegel) riet, man müsse im Winter investierten, „nicht eine halbe Million, sondern zehn Millionen Euro".

Es war ein gefundenes Fressen für die vielen Zeitungen in Berlin, wie sich Herthas Führungsriege seit dem 0:4 in Karlsruhe gegenseitig zerfleischte – mit dem Höhepunkt im Hotel Adlon, weit weg vom Berliner Olympiastadion. Konnte der geneigte Fan eine Seite wählen, wenn der Erfolgstrainer gegen den Rekordtorschützen austeilte? Wie tief die Gräben mittlerweile waren, zeigte eine Frage aus dem Plenum nach dem Transfer von Artur Wichniarek. Der mittlerweile 32-jährigen Stürmer, der in den ersten sieben Bundesligapartien unter Favre noch mangels Alternativen Einsatzzeiten im Sturmzentrum bekam, verfolgte allerdings beim 1:5-Debakel in Hoffenheim schon von der Bank aus, wie auf der anderen Seite Vedad Ibišević in der 21. Minute einen lupenreinen Hattrick erzielte. Zeitgleich lief Adrián Ramos, der 23-jährige Neuzugang aus Kolumbien, für Hertha im Sturm auf.

Jedenfalls wiederholte Favre zur Causa Wichniarek ein Statement seiner Pressekonferenz, dass er auch bei Hertha nur Spieler gewollt hätte, die wir weiterverkaufen könnten.

Erste Big-City-Club-Gedanken

Auf diese skurrilen Pressekonferenz wurde der Konflikt erstmals offen ausgetragen. Das und die späteren Repliken von Preetz (der auf Einvernehmlichkeit bei Transfers verweist) sowie Werner Gegenbauer (dass Favre die Finanzlage des Klubs geläufig gewesen wäre) ebneten letztlich Herthas Weg zum Big City Club. Neben den lauten Tönen, dem Gezanke zwischen dem bereits entlassenen Trainer und Geschäftsführer, vorgetragen im Epizentrums Berlins nahe dem Brandenburger Tor, sind es nicht die direkten Angriffe, die der Boulevard später aufgreifen würde, sondern (aus heutiger Sicht) ist einer der Nebensätze im Tagesspiegel-Artikel über die Ereignisse im Adlon von Bedeutung. So berichtet Sven Goldmann: „Favre hätte aus Hertha BSC gern etwas Neues gemacht. Ein modernes Fußball-Unternehmen, das dem Anspruch einer dynamischen Metropole gerecht wird, ein Äquivalent zum FC Chelsea, zu Real Madrid oder Inter Mailand.“ Zehn Jahre später wird neben „low hanging fruits“ eine ziemlich identische Formulierung des Investors in den heute geflügelten Worten „Big City Club“ gipfeln.

Mit Lucien Favre verlor Hertha BSC einen großen Visionär auf der Trainerbank, der laut eigener Aussage immer so arbeitete, als ob er zehn Jahre bei einem Verein bliebe. Der Abschied von Lucien Favre bedeutete auch eine Abkehr von sportlichen Ambitionen. Für Hertha BSC ging es fortan vorerst, von Präsident Werner Gegenbauer „als temporäre sportliche Delle“ betitelt, ums Überleben.

Der Abstieg

Mit Friedhelm Funkel, der auf Lucien Favre als Trainer von Hertha BSC folgte, tätigte Michael Preetz seine erste Entscheidung bezüglich der Trainerbank. Die Verpflichtung von Funkel war ebenso umstritten wie der Transfer von Wichniarek. Funkel war eher als ein Trainer bekannt, der acht Spieltage vor Ende der Saison kommt, um Teams vor dem Abstieg zu retten, anstatt eine konzeptionell zusammengestellte Mannschaft mit sensiblen Einzelkönnern am achten Spieltag zu übernehmen. Er debütierte bei Hertha in einer denkwürdigen Partie gegen den Hamburger Sportverein. Nach einer 1:0-Führung durch Arne Friedrich ging Hertha schließlich mit 1:3 nach einem Eigentor und zwei groben Torwartpatzern zu Hause unter. Torwart Sascha Burchert klärte zweimal nahezu identisch den Ball per Kopf in die Mitte des Feldes, von wo aus David Jarolím und Zé Roberto postwendend (aus 36 und 44 Metern) und zielsicher den Ball ins leere Tor retournierten. Mit Funkel als Trainer holte Hertha in der Hinrunde keinen einzigen Sieg und stieg am Ende klar und deutlich als Tabellenletzter der Saison 2009/2010 ab.

Der Wiederaufstieg mit Markus Babbel

Entgegen den Spekulationen der Presse war der Abstieg im ersten Jahr nicht das Aus für den Novizen als Geschäftsführer bei Hertha BSC. Werner Gegenbauer beließ Michael Preetz im Amt und wurde für seinen Mut belohnt. Preetz verpflichtete den aufstrebenden Trainer Markus Babbel und Hertha stieg nach einer Saison in der Zweiten Bundesliga direkt wieder auf. Es herrscht wieder Euphorie rund um Hertha BSC. Der Verein hatte es mit einem großen Kraftakt geschafft, Spieler wie Ramos und Raffael zu halten und mit der Verpflichtung von Pierre-Michel Lasogga einen Volltreffer zu landen, während der Königstransfer Rob Friend floppte. Nachdem bereits zur Auftaktpartie gegen Rot-Weiß Oberhausen 48.385 Zuschauer erschienen, waren es gegen den SC Paderborn auf der Zielgeraden zum Aufstieg knapp 70.000. Als Hertha mit dem FC Augsburg gemeinsam am letzten Spieltag den Aufstieg in die Bundesliga feierte, kamen gar 77.116 Zuschauer. Zuschauerrekord in der Geschichte der eingleisigen Zweiten Bundesliga.

Michael Preetz war mit Hertha zurück auf der großen Bühne. Hertha wirkte mit Trainer Babbel und Geschäftsführer Preetz jung, frisch und dynamisch. Im Juni 2011 zierte Michael Preetz im Anzug auf der blauen Tartanbahn des Olympiastadions das Cover des 11 Freunde Magazins. Der Geschäftsführer ist Hauptdarsteller der Titelstory „Hertha geht's nicht – Ein Jahr am Abgrund mit Michael Preetz“, die sich um den Abenteuerausflug von Hertha BSC in die Zweite Bundesliga dreht. Neben ihn auf dem Cover die prominenten Transfers, die er zur Alten Dame in die Zweite Bundesliga locken konnte: Christian Lell, Shooting Star Pierre-Michel Lasogga, Andre Mijatović und mit Peter Niemeyer, dem neuesten Coup von Michael Preetz, ist selbst ein ehemaliger UEFA-Cup-Finalist auf dem Bild. Die Namen Dieter Hoeneß und Lucien Favre spielen zu dieser Zeit in Berlin keine Rolle mehr und über den Abstieg wird nonchalant hinweggesehen.

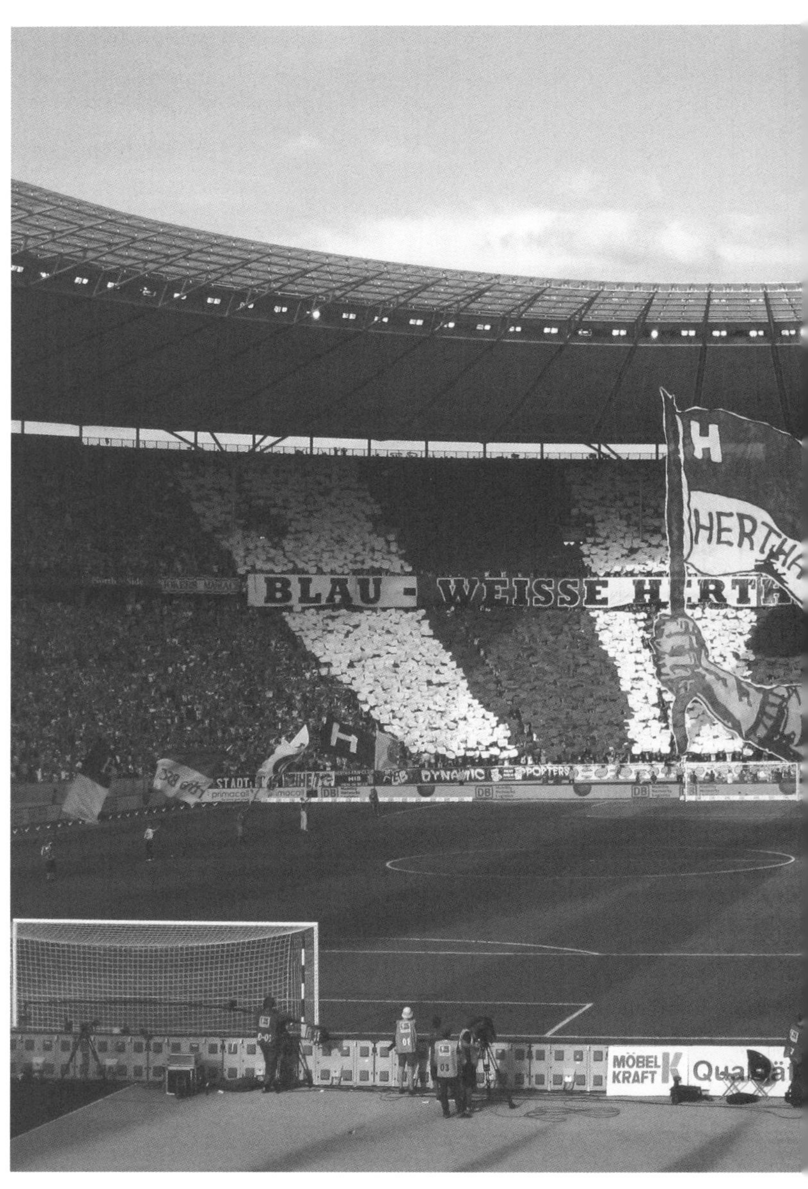
BLAU - WEISSE
HERTHA
MÖBEL KRAFT

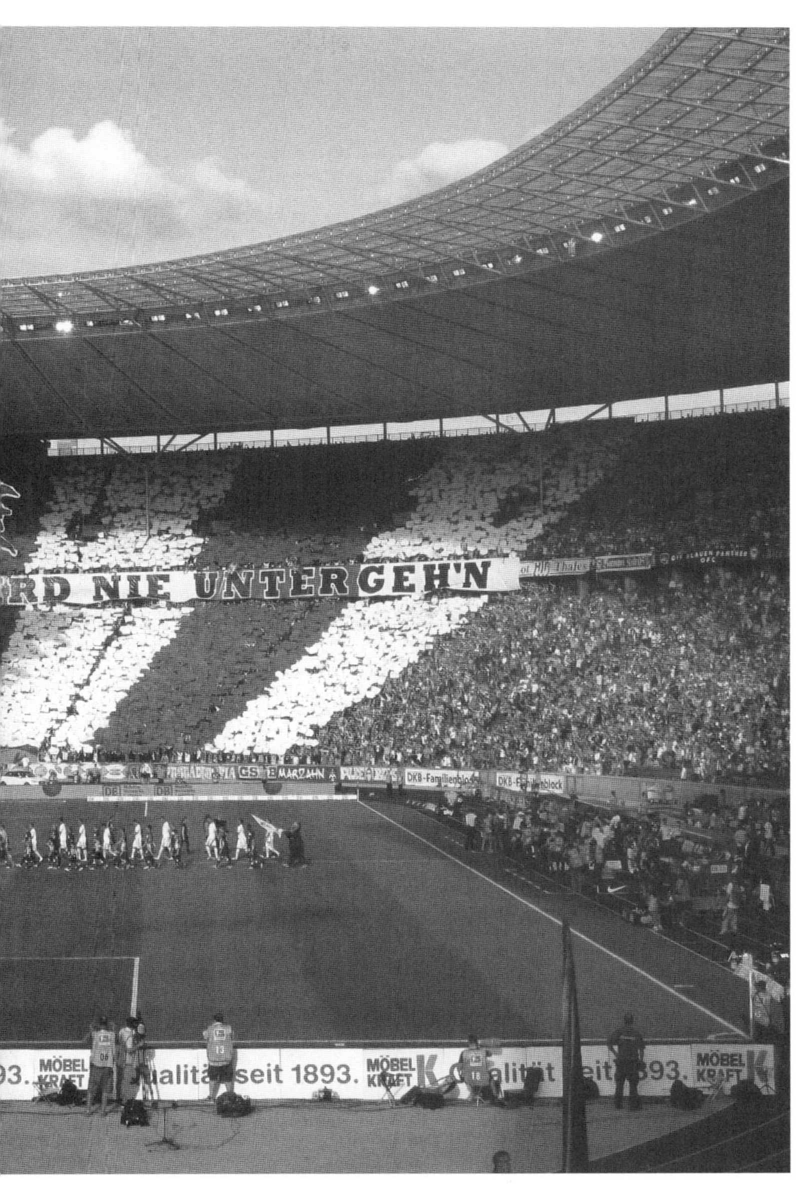
RD NIE UNTERGEH'N
MARZAHN
DKB-Familienblock
MÖBEL KRAFT
seit 1893.

Die ehrliche Haut – Der Eklat

Doch der Schein trügt, denn die Kasse bei Hertha BSC war weiterhin nicht prall gefüllt. Peter Niemeyer, Herthas teuerster Transfer, kostete 700.000 Euro, Rückkehrer Ben-Hatira 600.000 Euro und Felix Bastians wurde für 100.000 Euro verpflichtet. Die größten Namen kamen mit Maik Franz von Eintracht Frankfurt und Andreas Ottl sowie Thomas Kraft von Bayern München ablösefrei. Nach polyvalenten Spielern in der Favreära suchte Hertha BSC nach der Verpflichtung von Markus Babbel auch Spieler mit dem Bayerngen.

Doch bei allen Vorschusslorbeeren rumorte es bei Hertha BSC hinter den Kulissen längst wieder. Markus Babbel, der mit einer emotionalen Rede auf der Mitgliederversammlung bei Hertha BSC eingestiegen war, fiel schon bei den Aufstiegsfeierlichkeiten in die Bundesliga durch eine äußerst professionelle Distanz zu den Fans auf. Die Vertragsverlängerung von Babbels Kontrakt schien lange Zeit nur Formsache zu sein, doch Babbel pokerte und das Verhältnis zwischen Preetz und Babbel kühlte merklich ab. Am Ende der Hinrunde war weiterhin keine Einigung zwischen dem dauerhaft im Hotel wohnenden Markus Babbel und Hertha BSC in Sicht.

Die Hinrunde beendete Hertha BSC nach einem 1:1 bei der TSG Hoffenheim mit zwanzig Punkten auf Platz elf der Tabelle. Doch es war weniger das Spiel, der Last-Minute-Treffer von Roman Hubník oder die lange Zeit, über welche Hertha nach einem Platzverweis für Spielmacher Raffael in Unterzahl agieren musste, welche für Schlagzeilen sorgten. Es war Markus Babbel, der mit Aussagen vor dem Spiel Gesprächs- und Zündstoff schaffte. Wie bei Favre im Jahre 2009 stand auf einmal Aussage gegen Aussage. Wieder brach eine Schlammschlacht aus, als Markus Babbel völlig unvermittelt im Pre-Game Interview bekannt gab, den Vertrag, über den seit Monaten verhandelt wurde, nicht verlängern zu wollen, um Hertha BSC nach der Saison zu verlassen. Dies habe er dem Verein bereits Anfang November, also vor mehr als einem Monat, mitgeteilt. Wieder war es ein Trainer, der Preetz und Gegenbauer öffentlich die Stirn bot. Nach Werner Gegenbauers Vorwurf der Lüge als Replik auf Babbels Ausführungen war das Vertrauensverhältnis endgültig hin. Als Markus Babbel tags drauf in einem weiteren Interview erklärte, er werde sich nicht mehr mit Michael Preetz zusammensetzen, um klärende Gespräche zu führen, war das Engagement von Babbel in Berlin beendet.

Unter vorgehaltener Hand kursierten in Berlin seit diesem 17. Dezember 2012 viele Gerüchte um die wirklichen Gründe der Trennung von Markus Babbel. Von einem Medienstunt war die Rede, wenn es um das Pre-Game Interview geht. Im Gegensatz zu Herthas Pressesprecher, der entgegen den Gepflogenheiten kein funktionierendes In-Ear zur Verfügung gestellt bekommen habe, seien Teile der Presse und der Interviewer eingeweiht gewesen. Babbel habe seinen Rauswurf bei Hertha BSC unter vorgeschobenen Gründen provozieren wollen. Bis heute, egal wann Sie dieses Buch in den Händen halten, da bin ich mir sicher, kursieren teils gefühlte Tatsachen, Insiderinfos bis hin zu Verschwörungstheorien, warum Markus Babbel nicht Hertha, sondern auch die Hauptstadt schnellstmöglich verlassen wollte.

Markus Babbel, der sich selbst als „ehrliche Haut" bezeichnete, und die Gründe seines Abschieds sind ein wundervolles Thema für einen Gesprächseinstieg mit Hertha-Fans. Erwähnen Sie beiläufig „ehrliche Haut" und Sie werden Gesprächsstoff für einen langen Abend haben.

Der große Knall

Nach dem Babbel-Drama, dem zweiten öffentlich ausgetragenem Konflikt in der Ära Preetz, musste sich der Geschäftsführer Sport nach einem neuen Trainer für Hertha BSC umsehen, der die Saison 2011/2012 mit dem Klassenerhalt sicher zu Ende brachte. Doch welcher Trainer war spontan in der Winterpause verfügbar, um einen ambitionierten Aufsteiger zu übernehmen? Preetz griff nach Funkel und Babbel wieder ins Regal „Kinder der Bundesliga" und spürte den ehemaligen Cheftrainer von Borussia Dortmund, Bayer Leverkusen und Eintracht Frankfurt, Michael Skibbe, in der Türkei auf. Trotz aller Bedenken im Umfeld von Hertha BSC und dem Fakt, dass Eintracht Frankfurt unter Skibbe in der Bundesliga eine kolossale Talfahrt in der Rückrunde hingelegt hatte (und die Saison selbst nach Trainerwechsel zu Christoph Daum auch nicht gerettet werden konnte und die Adlerträger abgestiegen waren), entschied sich

Michael Preetz erneut zu einer „Bet against the public". Allen Unkenrufen zum Trotz zahlte Hertha BSC obendrauf eine Ablösesumme an Eskişehirspor und Michael Skibbe war der neue Cheftrainer.

Wie beim Wichniarek-Transfer und der Funkel-Verpflichtung ging seine Wette nicht auf, sondern scheiterte im Gegenteil krachend. Fünf Spiele in der Bundesliga und ein DFB-Pokal-Spiel stand Skibbe an der Seitenlinie, holte null Punkte und schied aus dem DFB-Pokal aus.

Hertha BSC suchte mittlerweile auf Platz fünfzehn stehend den dritten Trainer für die aktuelle Saison und wurde, kaum überraschend bei „einem Kind der Bundesliga" mit Otto Rehhagel fündig.

Mit König Otto sollten also Kaiserslautern, Augsburg und Freiburg auf Distanz gehalten werden, um am 34. Spieltag den Klassenerhalt feiern zu können. Den Hohn und Spott aufgrund der Verpflichtung des alternden Otto Rehhagels gab es gratis, obwohl dieser sich sicher war, die Sprache der jungen Generation, seiner Spieler, noch zu sprechen. „Attack, Attack, Go!", das könne er auch vermitteln.

Sah es am 34. Spieltag noch kurzzeitig so aus, dass man sich über die Relegation retten könnte, endete auch dieses Engagement in einem Knall und in was für einem. In der Nacht von Düsseldorf stieg Hertha BSC mit frühem Rückstand, Pyroinferno und frühzeitigem Platzsturm nach einem 2:2 erneut ab. Das Unentschieden hatte nach der 1:2-Heimspielniederlage im Olympiastadion nicht gereicht.

Nach langwierigen Gerichtsverhandlungen, bei denen Hertha BSC sämtliche Sympathien außerhalb von Berlin verspielte, wurde der Abstieg auch vom DFB-Sportgericht bestätigt. Fortuna Düsseldorf war der achtzehnte Bundesligist, während Hertha sich auf den Start der Zweiten Bundesliga vorbereiten musste. Hatte Favre im Jahr 2009 noch von einer Berliner Version des FC Chelsea geträumt, einem Großstadtverein, einem Big City Club, war Hertha BSC unter Preetz und Gegenbauer zu einem Fahrstuhlverein geworden.

Im Verein selbst hatte sich eine Opposition zu Michael Preetz gebildet, die unter dem Motto „Zeit für Veränderung" lautstark die Demission des ehemaligen Herthakapitäns forderte. War der zweite Abstieg in drei Jahren zu viel, würden die Argumente, Hoeneß habe Raubbau am Verein betrieben und auf sämtliche Erlöse bereits vorgegriffen, noch verfangen oder würde der Druck auf Präsident Gegenbauer zu groß werden?

Dieser gab bei der Premiere von „Hertha im Dialog", einem Format vor der Mitgliederversammlung von Hertha BSC, zu Protokoll: „Irgendwann ist der Topf voll – und dann ist Schluss! Oder es wird nicht mit vernünftigen Leuten weitergehen." Die Frage lautete, ob es familiäre Verbindungen zwischen Gegenbauer und Preetz gebe, eine in dieser Zeit immer wiederkehrende Erzählung unter Fans.

Ebenso aufmerksam wie das folgende Dementi Gegenbauers zu familiären Verbindungen zwischen ihm und Preetz lauschten die Fans den weiteren Ansagen Gegenbauers, der seine Zukunft mit der von Michael Preetz verknüpfte und somit seine schützende Hand über den stark in der Kritik stehenden Geschäftsführer legte. Im Jahr 2012 war Werner Gegenbauer der starke Mann bei Hertha BSC. Kaum einer kann wirklich bemessen, wie mächtig der seit 2008 amtierende Präsident ist. In dieser Zeit geisterten die Wörter Genussscheine sowie mögliche Beteiligungen an Spielertransfers durch die Presse. Offiziell suchte Hertha BSC einen strategischen Partner, aber hatte Hertha mit Werner Gegenbauer bereits einen stillen Gesellschafter, Mäzen oder Investor in der Hinterhand?

Inwieweit Hertha BSC im Jahre 2012 mit Firmen von Werner Gegenbauer oder mit Kapital von Werner Gegenbauer arbeitete, blieb der Öffentlichkeit im vollen Ausmaß verborgen. Unter den Mitgliedern bestand die Sorge, dass ein Votum gegen den erneut kandidierenden Präsidenten auch großen finanziellen Schaden für Hertha BSC haben könnte. Nach einem Abstieg sahen die Mitglieder nicht die Zeit gekommen, um es sich mit dem starken Mann bei Hertha BSC zu verscherzen und eine Situation wie mit Investor Kühne beim HSV heraufzubeschwören (der nur noch unter strikten Bedingungen dem Hamburger Sportverein wohl gesonnen blieb).

Michael Preetz, der auf seiner Position als Geschäftsführer keine Mitgliederversammlung fürchten musste, stürzte sich in die Arbeit. Schnell präsentierte er Jos Luhukay als neuen Trainer bei Hertha BSC, zuvor bei Borussia Mönchengladbach und dem FC Augsburg, sozusagen „ein Kind der Bundesliga".

Mit einem genialen Schachzug gelang es dem Schicksalsduo aus Preetz und Gegenbauer, auf der Mitgliederversammlung im Juni 2012 wieder große Teile der Fans hinter sich zu vereinen.

Gegenbauer und Preetz, die nicht für besondere Fannähe bekannt sind, haben dieses Mal aufmerksam zugehört, was sich die Fanseele bei Hertha BSC schon lange wünscht. Nach der Präsentation des neuen Trikots mit „Fahne pur" ohne Dieter-Hoeneß-Gedächtnisring geht für viele Anhänger ein Traum in Erfüllung. Eine Änderung des Logos wurde aus Fankreisen seit längerer Zeit wiederkehrend gefordert.

Die Revolution bei Hertha BSC blieb indes aus. Die Schicksalsgemeinschaft aus Michael Preetz und Werner Gegenbauer wurde von den Mitgliedern teils mit knirschenden Zähnen bestätigt, der neue Trainer hielt, was Preetz versprochen hatte, und stieg souverän mit Hertha BSC in die Bundesliga auf.

Doch der Optimismus, den Michael Preetz nach dem Aufstieg 2011 ausstrahlte, fehlte dieses Mal. Preetz wirkte seit längerer Zeit distanzierter. Die Abstiege hatten den ehemaligen Torschützenkönig verändert. An dem Punkt, als jedes Wort des Herthageschäftsführers auf die Goldwaage gelegt, jeder Gesichtsausdruck durchanalysiert und sein tränender Blick zum Sinnbild von Hertha BSC und für sein Wirken im Verein wurde. Spätestens nach der herben Niederlage vor dem DFB-Sportgericht und der immensen Kritik, die es nicht nur aus dem Fanlager von Hertha BSC hagelte, wurde es leiser um Michael Preetz, die öffentlichen Auftritte seltener. Die Fragen nach dem Verwandtschaftsverhältnis von Preetz und Gegenbauer wurden vielleicht auch deshalb immer wieder laut, weil beide spätestens nach dem Abstieg 2012 recht ähnlich agierten. Auf der hohen präsidialen Ebene Werner Gegenbauer, der sich aus dem sportlichen Bereich heraushielt, aber immer etwas zu laut und muffelig polterte, wenn die sportliche Leitung kritisiert wurde. Und dort der Sportliche Leiter Michael Preetz, einst jugendlich, kraftvoll und motiviert. Ein Manager im Sakko, der an seinem weißen Hemd den obersten Knopf offenließ und auf eine Krawatte verzichtete. An Spieltagen wirkte Preetz auf der Spielerbank eher wie der ehemalige Kapitän – der Torschützenkönig, der nach einer Auswechslung mit den Teamkollegen das Spiel verfolgt – als ein Chef. Und dann veränderte sich Preetz in den Augen der Öffentlichkeit. Aus dem glattrasiertem Nachwuchsmanager wurde der junggebliebene Preetz, der die Kontaktlinsen gegen eine hip wirkende Brille tauschte, Bart trug und sich weniger förmlich kleidete. Es war aber nicht nur der

Look von Michael Preetz, der sich schleichend veränderte. Auch Hertha BSC war im Begriff, sich neu zu erfinden. Nachdem Jos Luhukay souverän den Aufstieg vollbrachte.

KKR-Einstieg 2014

Beim Stand von 1:2 entschied Schiedsrichter Weiner auf Elfmeter für Hertha BSC und Rot für den Nürnberger Petrák, der den Ball mit der Hand auf der Linie geklärt hatte. Doch das letzte Wort war noch nicht gesprochen, denn der Assistent argumentierte so energisch gegen den Elfmeterpfiff, dass Weiner diesen zurücknahm. Stattdessen gab es in der 94. Minute Elfmeter auf der anderen Seite, das Spiel endete 1:3.

In den Frust über eine weitere skandalöse Niederlage gegen den FC Nürnberg mischte sich plötzlich eine Nachricht über einen unerwarteten Geldsegen. 61,2 Millionen Euro gingen im Februar 2014 auf dem Konto von Hertha BSC ein. Das Geld kam von KKR, der Mutter aller Heuschrecken, wie Franz Müntefering das US-Investment-Unternehmen einst nannte. Zu diesem Zeitpunkt stand Hertha BSC als Aufsteiger auf Tabellenplatz acht der Bundesliga.

Plötzlich reich? Einige Herthaner sahen sich nach dem Einstieg von KKR schon auf dem Weg in die Champions League, aber auch dem naivsten Vertreter der blau-weißen Farben wird nach genauerem Studium der Berichterstattung klar geworden sein, dass Hertha BSC zehn Prozent der Anteile und einen Sitz im Aufsichtsrat abgegeben hatte, um Altlasten zu bedienen. Allein 36 Millionen der Summe waren zur Schuldentilgung bestimmt.

Hertha beendete die Saison als Aufsteiger auf Platz elf und nahm nach Ausgaben von 1,3 Millionen Euro in der Vorsaison nun auch namhafte Spieler ins Visier. Zehn neue Spieler wechselten nach Berlin, darunter Namen wie Stocker, Schieber, Skjelbred, Plattenhardt und Salomon Kalou. Finanziert aus dem Geld von KKR? Jein! Durch die Verkäufe von Adrián Ramos und Pierre-Michel Lasogga und weiterer Spieler hatte Hertha fast 20 Millionen Euro eingenommen und trotzdem wären Neuzugänge mit Ablösesummen von insgesamt 14,5 Millionen Euro, insbesondere die Personalkosten, ohne die Finanzspritze wohl nicht möglich gewesen.

Knapp ein Jahr nach dem Einstieg von KKR blieb der erwartete Erfolg aus. Nur drei der Neuzugänge bot Jos Luhukay im Heimspiel gegen Bayer Leverkusen auf. Hegeler, Beerens und Schieber erhielten alle vom Fachmagazin Kicker die Note fünf für die Leistungen bei der 0:1-Niederlage. Es war das letzte Spiel von Jos Luhukay, der den Vier-Millionen-Neuzugang Stocker meist auf der Bank beließ, den späteren Nationalspieler Plattenhardt ignorierte und Salomon Kalou, den späteren Publikumsliebling, fast vergraulte. Hertha stand auf Platz siebzehn und nicht wenige rechneten mit dem erneuten Abstieg aus der Bundesliga.

Die Ära Pál Dárdai

Für die Mission Klassenerhalt setzte Herthas Geschäftsführer Michael Preetz auf ein Darkhorse. Am Horizont erschienen Herthas Rekordspieler Pál Dárdai. Der Ungar hatte nach seinem Karriereende den kometenhaften Aufstieg vom Jugendtrainer bei Hertha BSC zum Nationaltrainer Ungarns vollbracht. Eigentlich war Dárdai damit betreut, die EM-Qualifikation mit seinem Heimatland zu bewerkstelligen, doch als Preetz anrief, zögerte der treue Pál nicht und sagte zu, er übernehme das Himmelfahrtskommando Hertha BSC.

Am 7. Februar 2015 debütierte Pál Dárdai auf der Trainerbank in Bundesliga und holte auswärts in Mainz prompt den ersten Auswärtssieg. Das Vertrauen in den Trainernovizen zahlte sich aus, denn Dárdai schaffte es, nach einem kurzfristigen Absturz auf Platz siebzehn die Ruhe zu bewahren und mit sieben ungeschlagenen Spielen in Folge die Mannschaft zu stabilisieren. Er stärkte Starspieler Kalou den Rücken und entdeckte die versteckten Talente von Marvin Plattenhardt, der drei Jahre später mit der DFB-Elf die WM 2018 eröffnete. Doch Hertha musste trotzdem bis zum letzten Spieltag um den Klassenerhalt zittern. Eine 1:2-Niederlage in Hoffenheim reichte aufgrund des besseren Torverhältnisses gegenüber dem HSV zum Klassenerhalt. Dies war der Beginn der Ära Dárdai, die weitere vier Jahre dauern sollte.

Gleich in der folgenden Saison führte Dárdai den ehemaligen Abstiegskandidaten auf einen einstelligen Tabellenplatz, wobei es für Hertha BSC lange nach mehr als einfach nur Europa aussah.

Am 30. Spieltag stand Hertha BSC noch auf Platz drei der Tabelle und war auf Champions-League-Kurs. Doch es war wie verhext, im Saisonendspurt konnte Hertha nicht mehr dreifach punkten und so hieß es mit Platz sieben Brøndby Kopenhagen im Jahn-Sportpark statt Real Madrid im Bernabéu. Nächste Saison ging es für Hertha BSC unter Dárdai noch höher hinaus und Hertha BSC qualifizierte sich erneut für Europa. Doch in Herthas Führungsetage versuchten die Verantwortlichen längst mehr aus Hertha BSC herauszuholen als die Europa League. Die „Hintenrumscheiße" aus Dárdais Systemfußballkasten überwog in den folgenden zwei Saisons immer weiter gegenüber den spielerischen Highlights und zermürbte die Fans von Spiel zu Spiel. Die Frage, die sich für Fans von Hertha BSC stellte: Wer ist der Macher im Verein? Ist es Michael Preetz, der Hertha ohne Pál Dárdai nicht in der Bundesliga etablieren konnte oder ist es Pál Dárdai, der mit einer anderen Kaderzusammenstellung für Höheres berufen wäre!? Ein zehnter und ein elfter Platz reichten Michael Preetz nicht mehr. Zum Ende der Saison 2018/19 wurde die „einvernehmliche Trennung" bekannt gegeben.

Durch die frühzeitige Bekanntgabe der Trennung von Pál Dárdai rechneten die Fans damit, dass Michael Preetz einen Trainercoup gelandet hätte, der früher oder später durchsickern würde. Nicht nur die Fans rechneten mit einem großen Namen, der Hertha BSC den letzten Feinschliff geben sollte. Ein Trainer, der neben allen Basics die fünf Prozent Genialität in die Schale werfen konnte, die Dárdai stets abgingen.

Von Gerardo Seoane, seines Zeichens Trainer von Young Boys Bern, war immer wieder zu lesen und am Ende präsentierte Michael Preetz Ante Covic, den Trainer der U-23 als neuen Cheftrainer. Wieder versuchte sich Preetz an einer „Bet against the public", denn nur Wenige im Umfeld von Hertha BSC trauten dem Aufstiegshelden von 1997 diese große Aufgabe zu.

Windhorst

Als Lars Windhorst im Jahr 2019 die Herthabühne betrat, unkten schon die ersten Kritiker, dass sich Hertha BSC mit der Bindung an den Investor keinen Gefallen getan hätte und es nur eine Frage der Zeit sei, bis es Probleme mit dem Mann gäbe, der als „Kohls Wunderkind“ Berühmtheit erlangte. Den Mitgliedern und Fans von Hertha BSC stand der Mund offen, als sie aus der Presse erfuhren, dass Teile der Profiabteilung verkauft wurden und neben Werner Gegenbauer, Michael Preetz und Ingo Schiller ein weiterer Mann in die Geschicke von Hertha BSC eingreifen würde. Tennor, die Firma von Lars Windhorst hatte für 224 Millionen Euro 49,9 Prozent der GmbH & Co. KGaA erworben. Die Gründe von Lars Windhorst, in einen Fußballverein zu investieren, blieben dabei im Verborgenen. Nach den Statuten der in der Bundesliga gültigen 50+1-Regel ist der tatsächliche Wert von 49,9 % an einer Profiabteilung abseits des Monetären schwer zu beziffern, denn Mitspracherecht oder Entscheidungshoheit hatte Windhorst mit seinem Investment nicht erworben. Fußballvereine, die sich gerne als Wirtschaftsunternehmen bezeichnen, sind im besten Fall Durchlaufposten für Geld und weisen nur in Ausnahmefällen Gewinne aus. Im meisten aller Fälle wird sämtliches Geld, welches die Vereine durch Eintrittsgelder, TV-Rechte, Sponsoringeinahmen oder Antritts- und Siegesprämien erwirtschaften, völlig emotionslos (aufgrund der Konkurrenzsituation zu anderen Vereinen) reinvestiert und am Ende des Tages verbrannt. Es ist ein Rattenrennen zwischen unzähligen „Unternehmen“, die alle das gleiche Produkt anbieten und in direkter Konkurrenz zueinander stehen und das Ergebnis der Konkurrenz stets durch eigene Aktionen beeinflussen können. Es liegt daher nicht im Interesse von Vereinen, Geld zu erwirtschaften, beziehungsweise Vermögen aufzubauen. Jeder Euro auf der Bank schadet den sportlichen Zielen, wenn er nicht in Spieler- und Trainergehälter investiert wird.

Wer mit einem Fußballverein Geld verdienen möchte, hat das Business, von dem exklusiv die Spieler- und Beraterbubble profitiert, nicht verstanden.

Vereine können natürlich im Wert steigen, aber diese Wertsteigerungen sind meist abgekoppelt vom sportlichen Geschehen, denn Spieler kann ein Verein nicht besitzen und die bezahlte Ablösesumme wird zwar in der Bilanz als Wert der „Spielerlizenz“ geführt, aber gleichzeitig über die Dauer der Vertragslaufzeit kontinuierlich abgeschrieben und steht schnell wieder bei null. In Fußballvereine investieren aktuell vorrangig Player, die nicht darauf aus sind, Gewinne zu realisieren, sondern den Scheffel, der stets auf den Fußball gerichtet ist, dafür nutzen, „Sportswashing“ zu betreiben. Glaubte Lars Windhorst, Hertha BSC nach dem Vorbild des FC Chelsea weiterentwickeln zu können, als er den Begriff „Big City Club“ medienwirksam in seiner Antrittspressekonferenz fallen ließ? Dazu sei gesagt, dass der ehemalige Besitzer des FC Chelsea, Roman Abramovic, nicht wie ein Investor, sondern wie ein Mäzen agierte. Für eine Wertsteigerung des Vereins bedarf es regelmäßiger Zahlungen – Hoffnungen auf eine geregelte Rückzahlung von Darlehen darf sich der Geldgeber nicht machen. Diese Gedanken hatte ich, als ich hörte, jemand ist so verrückt, in einen von Werner Gegenbauer und Michael Preetz geführten Verein 224 Million Euro zu investieren. Dachte Windhorst mit einer Einmalinvestition von etwas mehr als der Ablösesummer von Neymar (ohne Gehalt) wäre langfristiger Erfolg garantiert und ein Ansteigen seiner zu horrenden Preisen erworbenen Anteile möglich?

Ich ging davon aus, dass Windhorst sich zum Thema Fußball vorher hatte beraten lassen und verschiedene Szenarien durchgerechnet hatte, bei denen, wie man es auch dreht und wendet, die regelmäßige Zahlung an Geldern essentiell ist. Nehmen wir Bayer Leverkusen 04, die jedes Jahr vom Bayer-Konzern eine Fixsumme abseits aller im Fußballgeschäft erwirtschafteten Gelder erhalten. Gleichzeitig schöpft der Konzern jeglichen Gewinn am Ende der Saison ab oder zahlt das entstandene Defizit. Dies bedeutet, dass Leverkusen quasi vom Transfermarkt abgekoppelt agieren kann und Spielerverkäufe im Bayersystem nicht vorgesehen sind. Am Ende der Saison wird der Verein immer bei der von Konservativen geliebten schwarzen Null stehen.

Überraschenderweise hatte Windhorst wohl keine Experten aus dem Fußball konsultiert, so stand die Verbindung Hertha BSC und Tennor von Anfang an auf wackligen Beinen und die Dinge nahmen ihren Lauf.

Trainer Ante Covic bekam nicht die Zeit, seine Idee von Fußball bei Hertha BSC umzusetzen und wurde schon in der ersten Saisonhälfte durch den ehemaligen Bundestrainer Jürgen Klinsmann, der eigentlich von Windhorst in den Aufsichtsrat berufen wurde, ersetzt. Klinsmann, der zwar aus dem Fußball kam, aber ähnlich wie Windhorst die Gegebenheiten der Bundesliga wohl nicht verinnerlicht hatte, erklärte Hertha zum spannendsten Fußballprojekt in Europa und drängte Geschäftsführer Michael Preetz dazu, den Kader zu verstärken. In der Winterpause 2019/20 avancierte Hertha BSC zum Transferweltmeister und holte Stürmer Piątek vom AC Milan, Santi Ascacíbar vom VfB Stuttgart, Mattheus Cunha von RasenBallsport und für den nächsten Sommer Lucas Tousart von Olympique Lyon. Klinsmann führte darüber Tagebuch und während in der Presse noch davon geträumt wurde, durch Klinsis Strahlkraft Sponsoren wie Facebook oder Tesla an Land zu ziehen, gab er wenige Wochen später via besagtem Facebook seinen Rücktritt bekannt und die Sport Bild freute sich über die geleakten Einschätzungen des ehemaligen Bundestrainers zum Kader von Hertha BSC. Aus welcher Richtung der Leak kam, ist bis heute ungeklärt, auch wenn sich hier wie immer die Frage „Cui bono?“ anbietet.

Nachdem auch Bruno Labbadia mit dem teuren Kader von Hertha BSC nicht mehr als Abstiegskampf hatte bieten können und vor laufender Sky-Kamera von seiner Entlassung erfuhr, war auch die Zeit von Michael Preetz als Geschäftsführer bei Hertha BSC abgelaufen. Der zu Hertha BSC zurückgekehrte Arne Friedrich übernahm den Job als Geschäftsführer bis zum Saisonende und brachte Trainer Pál Dárdai zurück. Mit ihm konnte Hertha BSC den Abstieg abwenden, zelebriert mit Zigarre im Mundwinkel im ZDF-Sportstudio.

Für die neue Saison hatte Hertha BSC den größten Transfer eingetütet. Mit Fredi Bobic konnte Hertha den Erfolgsmanager aus Frankfurt loseisen – die Zeichen standen auf Attacke, dachten wir. Aber auch der neue Mann Fredi Bobic konnte in seiner ersten Saison bei Hertha BSC das Ruder nicht rumreißen und war erstaunt, wie wenig von den Windhorst-Millionen noch übrig war. Besagter Windhorst hatte sogar nochmal auf 374 Millionen und 64,7 Prozent der Anteile aufgestockt.

Die Corona Pandemie hatte allerdings ihr Übriges getan und ein Riesenloch in die Kasse gefressen. Es ist ja schon fast tragisch – wenn der ewig klamme Verein Hertha BSC, der seine Spiele im überdimensionierten unwirtschaftlichen Olympiastadion austrägt, einmal zu Geld kommt, überzieht eine Pandemie die Welt. Und am Ende bleibt ein Wintertransferfenster, in dem der Verein zu historischen Höchstpreisen Spieler holt, deren Verträge und Ablösesummen in keinem Verhältnis mehr zur Realität stehen.

Älteren Hertha-Fans wird es wie ein Déjà-vu vorkommen, denn Hertha hatte schon einmal mit dem Geld der UFA-Sports die Großen der Liga herausgefordert, war in die Champions League eingezogen und regelmäßig international vertreten, als die Kirch-Krise aus- und die TV-Gelder einbrachen. Heute wie damals saß Hertha BSC im Anschluss auf zu teuren Verträgen.

Ironischerweise hat uns das Geld von „Kohls Wunderkind" wohl gerettet, trotzdem fühlte sich diese Episode so an, als hätte sie nur Verlierer produziert. Der Investor zettelte einen offenen Machtkampf im Verein an, in dem er zu Protokoll gab, zu keiner weiteren Zusammenarbeit mit Werner Gegenbauer mehr bereit zu sein. Ein Frontalangriff auf das höchste Amt im Verein, vorgetragen via Bild-TV. Auch die Dokumentation über Hertha BSC „Welcome to Berlin" verschwand aufgrund von angeblich ehrabschneidenden Äußerungen über Lars Windhorst im Giftschrank der Tennor Group.

Geblieben ist letztendlich der Begriff „Big City Club", gegen den Herthaner leidenschaftlich auf die Barrikaden gehen, wobei dies ja nur Großstadtklub bedeutet, und das sind wir ja. Es ist ein historisches Versäumnis der Geschäftsführung, diesen Begriff nicht von Anfang an für sich in Anspruch genommen und rational eingeordnet zu haben. Werden wir das nächste Real Madrid, das neue Chelsea von der Spree, nein! Wollen wir in der Hauptstadt erfolgreichen Fußball spielen und noch mehr Leute ins Olympiastadion locken? Ja.

So einfach wäre es gewesen.

Lars Windhorst und seine Träume von einer 90.000-Zuschauer-Arena, low hanging fruits und dem Chelsea von der Spree werden eines Tages im umfangreichen Archiv von Hertha BSC verstauben. Aber mit der Zwietracht, die das Investment in den Verein gebracht hat, wird Hertha BSC noch auf Jahre zu kämpfen haben, denn Lars Windhorst gehören weiterhin 64,7% der Anteile der Profiabteilung. Trotzdem sollte man als Hertha-Fan den Hut ziehen vor Ingo Schiller und allen, die den Vertrag mit Lars Windhorst ausgearbeitet haben, denn diese Beteiligung hat Hertha BSC einen Geldregen beschert, ohne dass eine Mitsprache garantiert wurde und selbst den Verkauf der Anteile kann Hertha BSC mit Vetorecht stoppen.

Windhorst hat vermutlich auf ein Kippen der 50+1-Regel spekuliert, die faktisch vom Bundeskartellamt jüngst in ihrer Rechtmäßigkeit bestätigt wurde, mit der Bitte, sich der Ausnahmen anzunehmen. Ebenso verspekuliert hat sich Windhorst und die Tennor Group, was die Schwarmintelligenz von uns Fans angeht. Die Versuche, uns über Social Media, insbesondere Facebook, zu manipulieren, scheiterten allesamt. Letztendlich auch sein Putschversuch. Mit Menschen wie Kay Bernstein, die den Verein mit all ihrer Überzeugungskraft leben und lieben, hatte Windhorst nicht kalkuliert. Am Ende des Tages wurde durch die Causa Windhorst bei Hertha BSC ein Exempel für 50+1 statuiert, indem wir Mitglieder den ersten ehemaligen Capo und Ultra zum Präsidenten gewählt haben, statt auf weiteres Geld zu hoffen und uns in den Versprechungen des Kapitals zu verfangen.

Relegation

Die Bundesligasaison 2011/12 war bereits beendet und das Pokalfinale gespielt, als Helga, die Wirtin der Berliner Kneipe *Brinks* in der Uhlandstraße ein Schild auf dem Gehweg postierte. Geworben wurde mit: „Jedes Hertha Tor ein Kümmerling!". Wenn Hertha spielt, war das im *Brinks* üblich, so auch im Rückspiel der Relegation, das selbstverständlich in den Räumlichkeiten in Wilmersdorf gezeigt wurde.

Als ich mich am 19. Mai 2022 zum Relegationsspiel gegen den Hamburger SV ins Olympiastadion aufmache, ist das dramatische Rückspiel der Relegation 2012 zehn Jahre her. Vieles hat sich in dieser Dekade geändert: Die Wohnung, die Freundin, der Beruf, alles sogar mehrfach, selbst Hertha BSC hat sich verändert. Erst durch Investments von KKR und später publikumswirksamer durch den Tennor-Einstieg.

Klinsmann kam erst als Aufsichtsrat, dann als Trainer und verabschiedete sich bald wieder mit „HaHoHe euer Jürgen". Wenig später war auch Geschäftsführer Michael Preetz Geschichte. Die Sympathien, die wir uns in den Jahren mit Trainer Pál Dárdai an der Seitenlinie erarbeitetet hatten, sind längst verflogen und in Häme umgekippt. Schon vor zehn Jahren hatten wir mit Trainer Otto Rehhagel einen Routinier auf die Trainerbank zurückgeholt und das *Brinks* war seinerzeit meine Stammkneipe. Es waren die Zeiten vor Streaming-Angeboten wie Sky Go, Sky Ticket oder DAZN und leistungsfähigen Smartphones, mit denen man immer öfter allein auf der Couch, in der Bahn oder der Badewanne statt mit seinen Freunden Fußball schaut.

Beim Betreten der Kneipe begrüßte mich Helga stets euphorisch und zapfte mir umgehend ein Bier, was seinen Weg fast schneller als ich durch die robuste, holzdekorierte Kneipe fand. Meist hatte mich dann der Rentner, der auch gerne mal bei Hertha auf dem Trainingsgelände kiebitzte, erspäht und bereits auf halbem Weg abgefangen, um mich in ein Hertha-Fachgespräch zu verwickeln. Er hatte Wind davon bekommen, dass ich in Bezug auf Hertha gut vernetzt war und einen Herthablog betrieb. Also glich er alles, was B.Z. oder Sport Bild in der Zeitung schrieben, erstmal mit mir ab. „Ist da was dran?“ Meinen Antworten lauschte er gespannt, um anschließend nachdenklich zu seufzen. Auch während des Spiels diskutierten wir in größerer Runde weiter über Taktik, Spieler und Schiedsrichter, nur unterbrochen von einem lautem: *noch eine kleine Pivo*-Ruf unseres polnischen Herthafreundes aus dem vorderen Bereich der Kneipe. Sie war mir ans Herz gewachsen, unsere kleine Hertha-Gemeinde, die für Passanten über das große Fenster in der Güntzelstaße so schön zu beobachten war.

Ob um 13 Uhr in der Mittagszeit mit Einkäufen in der Hand oder um Viertel nach acht, wenn man vor dem Fenster stehen blieb, wie es viele taten, um den Spielstand zu überprüfen oder das Spiel ohne den obligatorischen Bierkauf durch die Scheibe zu verfolgen: Es konnte Kurioses beobachtet werden, wenn unsere Jungs ein Tor schossen. Der Rentner nickte mir zu, ich flexte mit dem Bizeps und der Pole kippte vor Freude sein Pivo runter. Im nächsten Moment riefen wir alle in die anarchischen Zustände „Kümmerling, Kümmerling, Kümmerling“. Ein Bild für die Götter.

Das *Brinks* hatte sich rumgesprochen und immer mehr meiner Freunde verbrachten mittlerweile gerne einen Nachmittag oder Abend in der Kneipe mit mir. So auch am Tage des Rückspiels der Relegation. Diesen Abend mit all seinem Wahnsinn wie dem frühen Gegentor, zweimaligem Ausgleich, Pyrofackeln, Polizei im Spielfeld, Platzsturm, Spielunterbrechung, fehlendem Elfmeterpunkt, erneutem Platzsturm und am Ende starken Schlägen werden wir nie vergessen, genauso wie das *Brinks*, was dem Kneipensterben zum Opfer fiel. Doch nicht nur vom *Brinks* mussten wir uns verabschieden, sondern auch von Klaus, der mit uns an diesem Abend auf einem der Barhocker rund um das Schultheißfass und mit original Berliner Schnauze neben seinen Söhnen den Irrsinn kommentierte. Kurz vor der Relegation 2022 trugen wir Klaus (der sich selbst nach einer Saison als Libero des TSV Rudow als ehemaligen Leistungssportler bezeichnete), der mir über die letzten zwanzig Jahre zu einem väterlichen Freund geworden war, nach langer Krankheit zu Grabe.

Diese Trauer wog schwerer, als der Frust darüber, dass Waturo Endō (VfB Stuttgart gegen den 1. FC Köln am 34. Spieltag der Saison 2021/22) in der zweiten Minute der Nachspielzeit Hertha mit einem Kopfballtor in die Relegation schickte. Das Gefühl war noch nicht verflogen, als ich mich am 19. Mai 2022 ins Olympiastadion aufmachte.

Die Enttäuschung, dass wir drei Matchbälle zum Klassenerhalt in Bielefeld, zu Hause gegen Mainz und in Dortmund vergeben hatten und wie bescheiden diese Saison wieder gelaufen war, reiste ebenfalls mietfrei im Hinterkopf mit zum Hinspiel der Relegation. Besonders sauer stieß der FC-Bayern-Ibiza-Trip nach der Meisterschaft auf, als der Rekordmeister im Anschluss nicht über ein 2:2 gegen den VfB Stuttgart hinauskam. Und Hertha? Wir vergeigten in Bielefeld die Großchance zum 2:0 kurz vor Ende des Spiels, nur um in der Nachspielzeit noch den Ausgleich zu kassieren. All dies ließ sich nicht so schnell abschütteln.

Die Mannschaft der Stunde am 19. Mai 2022 war aber weder Hertha BSC noch der Gegner in der Relegation, der Hamburger Sportverein. Die Mannschaft der Stunde war Eintracht Frankfurt, der frisch gebackene Europa-League-Sieger. Die Ereignisse vom Vortag waren in aller Munde und die größte Relegation der Bundesligageschichte war lediglich eine Randnotiz über den Tag hinweg.

Weniger als vierundzwanzig Stunden, nachdem die Eintracht den Pokal als Krönung einer epischen Fußballreise durch Europa (nach Verlängerung und Elfmeterschießen gegen die Glasgow Rangers) in den Himmel von Sevilla hob, würden sich im Berliner Olympiastadion zwei der größten und ältesten Traditionsvereine gegenüberstehen.

Eine Paarung, die eigentlich in der Bundesliga stattfinden sollte und einer Relegation unwürdig war, hatte aufgrund der großen Anhängerschaften umgehend für ein Ticketchaos gesorgt. Das

Spiel war trotz Zusatztribüne im Marathontor, die schon für das Pokalfinale aufgebaut wurde, schnell ausverkauft. In Berlin rechnete man nicht zuletzt wegen der Pannen beim Ticketing mit einer blau-schwarzen Invasion aus der Hansestadt.

Trotz des großen Runs auf die Tickets mutete das Spiel an wie ein Duell unter verstrittenen Brüdern in einer Dschungelprüfung zur Belustigung der Bundesligabesatzer. Einer Allianz der Plastikvereine, die mittlerweile in der ersten Reihe der Bundesliga Platz genommen hatten und unter den aktuellen Verhältnissen womöglich niemals wieder absteigen werden.

Also heißt es jetzt Hamburg oder Berlin. Ein Verein wird den anderen in die Schlammgrube der Zweiten Bundesliga stoßen und bei aller Freude über die nächste Bundesligasaison anschließend mit dem Konkurrenten mitfühlen können, der in einer Liga, die für den Verein viel zu klein ist, verschwinden wird.

Doch Relegation ist auch immer eine letzte Chance, die Geschicke des Vereins doch noch einmal umzudrehen. Das besagte Eintracht Frankfurt stand mit dem gleichen Geschäftsführer, der heute das sportliche Geschehen bei Hertha BSC verantwortet, Fredi Bobic, 2016 ebenfalls in der Relegation und feierte heute kurz nach Mitternacht den ersten internationalen Titel seit 42 Jahren inklusive Qualifikation für die Champions League.

Hertha BSC und der Hamburger SV sind aktuell gegenteilige Beispiele, welchem Risiko Vereine mit Tradition unterliegen, um mit der Bundesligaspitze Tritt halten zu können. Beide Vereine konnten sich allein mit Fußball und dem Geld aus Ticketverkäufen nicht mehr finanzieren und bestritten unangenehme Wege, um externes Geld zu akquirieren.

Bei den Vereinen aus den größten Städten Deutschlands griffen die Daumenschrauben, als der gewünschte Erfolg sich nicht oder nicht mehr einstellte. Der HSV musste nach langen Jahren im Abstiegskampf den Gang in die Zweite Bundesliga antreten und lange Zeit sah es auch diese Saison wieder so aus, als ob die Hamburger mit dem Aufstieg nichts zu tun haben werden. Am Ende war es dann aber doch nicht der FC St. Pauli, der um den Aufstieg spielte, auch wenn das lange so ausgesehen hatte, sondern der große HSV.

Die Stimmung im Stadion war hervorragend und glich den vielen Finalatmosphären, die hier schon zu spüren gewesen waren.

Doch Hertha blieb wie auch schon gegen Mainz 05 in diesem Jahr so ziemlich alles schuldig. Als der Ball nach einer abgerutschten Flanke dann im Herthator einschlug, brachen am Marathontor und weit darüber hinaus alle Dämme. Für viele war der HSV in diesem Moment schon aufgestiegen. Durchs Stadion schallte *Hamburg ist viel schöner als Berlin*, immer wieder bis zum Abpfiff und auch dann noch, als die traurige Stimme von Fabian von Wachsmann erklang, der die Niederlage abmoderierte und die Fans auf das Rückspiel einschwor. Apropos Fans. Diese hatten eine beachtliche Unterstützung geboten, obwohl sich beim Hertha-Ticketverkauf ein Fauxpas an den nächsten gereiht hatte und Dauerkarteninhaber und Mitglieder das Gefühl hatten, für das Relegationsspiel nicht willkommen zu sein. Es war das letzte Heimspiel der Saison und die Mannschaft kam trotz vorherigem Schulterschluss mit den Fans nach dem Spiel nicht in die Kurve. Hertha schien bei allem, was das Organisatorische und Sportliche betraf, am Boden, aber eins kann ich sagen, die Hoffnung der Fans lebte noch.

Auf dem Weg aus dem Stadion sah ich die nächste Generation Hertha-Fans im Trikot ihrer Eltern mit Pantelić oder Deisler als Flock und obwohl keiner wusste, wie wir das drehen könnten auswärts in Hamburg und die Verantwortlichen bei Hertha wenig Hoffnung versprühten, sah ich keinen Trauermarsch. Nein, auf der Reichstraße wurden die Fahnen wieder trotzig geschwungen und Hertha wurde einfach weiter besungen. Selbst in Wilmersdorf, als die Leute aus dem Bus in die U-Bahn umstiegen, waren die Herthaner nicht verstummt. Für das Rückspiel machte mir das keine Hoffnung, aber für die Zukunft des Vereins. Hertha hatte nach Unterstützung gerufen und die Menschen waren wie gegen Mainz 05 gekommen, um unseren Verein zu unterstützen. Die Atmosphäre war im Endspurt der Saison so gut gewesen im Olympiastadion, dass die ersten Fans die Diskussion um ein neues Stadion beenden wollten. Mit gemischten Gefühlen ging ich an diesem Abend ins Bett und im Ohr summten die Worte *Hamburg ist viel schöner als Berlin*.

Rückspiel Relegation

Das 0:1 aus dem Hinspiel der Relegation hatte uns Herthaner alle schwer getroffen. Innerhalb des Herthakosmos gab es wenig Hoff-

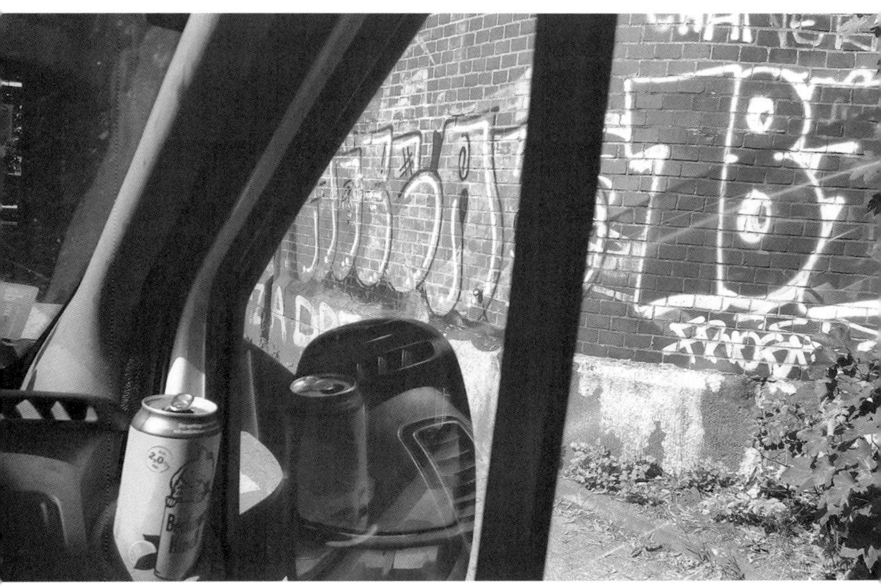

nung, dass Hertha BSC den Rückstand aus dem Hinspiel noch in einen positiven Abschluss der Relegation wandeln könnte. Ein Spiel mit zwei Toren Abstand gewinnen oder nach Verlängerung und Elfmeterschießen, es klang nicht machbar für diesen Herthajahrgang. Nach Hamburg zum Rückspiel wollten wir aber trotzdem, wie weitere 5.000 Herthaner, daran hatte auch das Hinspiel nichts geändert.

Im WhatsApp-Chat bescheinigen wir uns bereits nach dem vergeigtem Saisonfinale in Dortmund unsere Abhängigkeit von der Alten Dame und schon kümmerten wir uns um zwei Karten für den Auswärtsblock in Hamburg. Wir wollten dabei sein, sollte Hertha den Gang in die Zweite Bundesliga antreten müssen. Aber vorher würden wir nochmal 90 Minuten lautstark alles geben und aus voller Kehle die Resthoffnung in die Arena hinausbrüllen, um uns erhobenen Hauptes verabschieden zu können.

Wir trafen uns an diesem Montag in Nähe des U-Bahnhofes Kaiserdamm, wo früher die Züge in Richtung Pokalfinale starteten. Mein Vater, der vor dem Haus in der Sonne saß, sagte wie üblich mit einem verschmitzten Lächeln zu diesem Himmelfahrtskommando: „so kann man sich auch den Tag versauen". Ich hatte dieses Mal keine Argumente dagegen. Ich drückte ihn trotzdem, bevor ich in den Kleinbus meines Kumpels sprang.

Wir steuerten noch einmal die Tankstelle an, um die Ecke, an der früher Marcelinho und seine Entourage öfter Halt machte und dann bogen wir auch schon ein auf die Autobahn in Richtung Hamburg. Statt Herthagassenhauern hörten wir Neunziger-Hip-Hop, also Musik aus der Zeit, in der Hertha BSC in die Champions League stürmte. Wir führten Gespräche über die Erinnerungen, die wir mit Hertha einzeln aber vor allen Dingen gemeinsam gesammelt hatten und uns beiden, die wir seit dreizehn Jahren zusammen auf Achse sind und auch sonst sämtliche Hertha Spiele zusammen schauen war klar, dass heute mit dieser Auswärtsfahrt das „Früher" enden und etwas Neues entstehen würde. Darauf waren wir neugierig.

In der Saison 2022/23 wird, ganz gleich wie das Ergebnis lautet, Hertha BSC ohne Michael Preetz, Pál Dárdai und Werner Gegenbauer in die Saison gehen, auch Ingo Schiller steht vor einem Abschied.

Wie es für uns als Freunde und Fans von Hertha BSC weitergeht, ist ebenso ungewiss. Ob mein Kumpel, mit dem ich mehr als ein Jahrzehnt auswärts unterwegs bin, weiterhin in den blau-weißen Farben durch die Lande reist, wird die Zeit zeigen. Im Juli wird seine Tochter zur Welt kommen und die Prioritäten werden nicht mehr die Gleichen sein.

Wir erreichten Hamburg an diesem Montag bei strahlendem Sonnenschein viel zu früh, doch streiften schon die ersten Fans des Hamburger Sportvereins mit Trikots und Fahnen durch die Stadt. Beim Blick aus dem Fenster auf die Straßen der Hansestadt erinnerte ich mich fast wehmütig an meine erste Auswärtsfahrt. Mit meiner damaligen Freundin reiste ich per Reisebus zu einer Zeit nach Hamburg, als kaum jemand aus meinem Bekanntenkreis die Liebe zu Hertha teilte. Sie aber schon, obwohl sie eigentlich aus dem Norden kommt und heute in Hamburg wohnt. Wir hatten uns zur Übernachtung bei ihrem Bruder eingeladen und durften im Volkspark bewundern, wie Marko Pantelić sich beim Hamburger Publikum nach seiner großen Gala ausgiebig bedankte und in alle Himmelrichtungen verbeugte, obwohl nur aus einer Ecke Applaus kam. Legendär!

Wenige Zeit später stellten wir schon eine Reisegruppe, die sich unter Hertha-Fans im IC mischte. Am Hamburger Hauptbahnhof wurden wir freundlich empfangen, es hagelte Flaschen und die Fäuste flogen um uns herum, als sich das Empfangskomitee in blau-weiß als Hansa-Rostock-Gesandtschaft zu erkennen gab.

Heute wollten wir weder zur Reeperbahn noch in Tumulte geraten. Unsere erste Auswärtsfahrt nach Ausbruch der Corona-Pandemie war eher wie ein Businesstrip angelegt. Für eine kurze Nahrungsaufnahme in Richtung Landungsbrücken war noch Zeit und pünktlich nach Verzehr des Fischbrötchens düsten wir auch schon zum Parkplatz am Volkspark. Wir waren mit die ersten, die bei der netten St. Pauli-Sympathisantin am Parkplatz ein Ticket lösten. Und so holten wir Stunden vor Abpfiff die Klappstühle aus dem Van und sogen die Atmosphäre auf, wie ein Wagen nach dem nächsten auf den Parkplatz einfuhr und die Fans des HSV sich freudestrahlend zum Stadion aufmachten. Die Kinder lachten, als dürften sie gleich Achterbahn fahren und die Älteren schauten entschlossen drein. Vielleicht dachten sie: Nur noch 90 Minuten.

Wir saßen weiter entspannt auf unseren Klappstühlen und genossen den sonnigen Tag. Nein, wir hatten es nicht eilig, ließen uns von Exilherthanern mit Bier versorgen, aßen noch ein Calippo am Stadion und plötzlich waren wir drin im blau-weiß-schwarzen Tempel. Minute um Minute verging bis zum Anpfiff und für uns tickte der Countdown in Richtung Zweite Bundesliga immer lauter. Der Block füllte sich nun auch im Oberring. Wir hatten Karten für die letzte Reihe, weil wir dachten, ist ja auswärts und es stehen eh alle. Unser Versuch, uns möglichst weit vorne im Block zu positionieren, scheiterte kläglich. „Ditt ist aber meen Platz, schauen se mal". Okay, also stiegen wir die Treppenstufen bis in die letzte Reihe empor und verharrten dort. Es passte zur Stimmung dieser Auswärtsfahrt, dass wir Altgewordenen oben über den Auswärtsblock wachen und ganz entspannt das Spiel verfolgen würden. So der Plan, der sich schnell in Luft auflöste, als Herthas Stadion-DJs, von denen wir die Karten hatten, samt Crew ebenfalls die Treppen emporstiegen. Jetzt, kurz vor Anpfiff, war Stimmung in der Bude. Die Volksfestatmosphäre von außerhalb der Arena war mittlerweile auch im Stadion angekommen. Heute wird aufgestiegen, war in jedem Blick, jeder Geste und in jedem Lächeln der HSV-Fans auf der Leinwand ablesbar. Wir fragten uns angesichts des immer noch nicht vollständig gefüllten Blocks im Oberrang und der absoluten Ruhe vor dem Sturm:

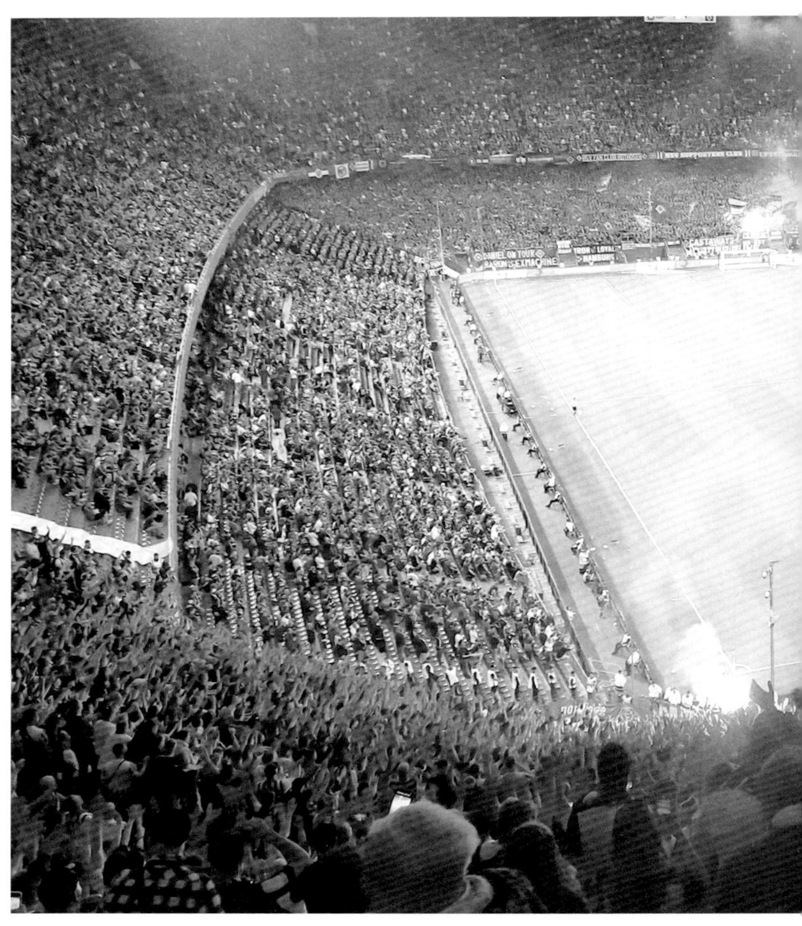

Wo sind eigentlich die Ultras? Neben uns standen andere Herthaner schon auf den Sitzen und versuchten über die Stadionmauer zu lugen, ob denn unsere Ultras vor dem Stadion festhingen oder überhaupt irgendwie in Sicht waren. Aber auch ich konnte, auf dem Sitz stehend, über die Stadionmauern schauend, keine Ultras am Eingang oder sonst irgendwo erkennen. Es lief darauf hinaus, dass die Hamburger Polizei, wie schon in der Vergangenheit passiert, die Ultras abgefangen und wieder nach Hause eskortiert hatte, auf welcher Rechtsgrundlage auch immer das passierte. Doch als die Mannschaften einliefen und die HSV-Choreo am anderen Ende des

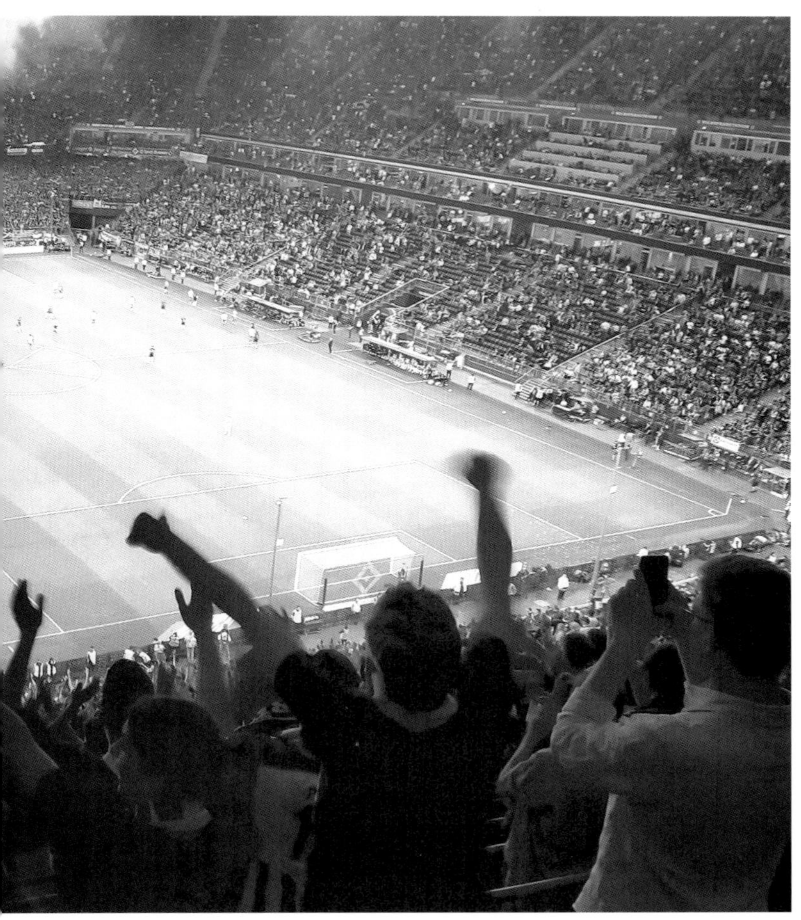

Stadions die Tribüne in Blau-Weiß-Schwarz hüllte, waren sie auf einmal da, zur Überraschung nicht wie erwartet unten, sondern bei uns oben im Block – unser Lied erklang und unsere Fahnen wehten so intensiv wie selten zuvor.

Es war der Moment, als Hertha, als Berlin gezeigt hat, dass hier noch 90 Minuten gespielt würden und wir nicht zum Gratulieren angereist waren. Nach diesem disruptiven Moment, der die Feierlichkeiten in der Arena zu stören versuchte, sah ich zwar, wie Reihen vor uns die Hertha-Fans enthusiastisch sangen und gestenreich Stimmung machten, aber hören konnten wir in den vier Minuten nach Anpfiff nur den HSV. Ach du Sch…, dachte ich, wir werden hier an die Wand gesungen. Wir haben hier keine Chance, wenn die Hamburger die Laustärke halten können! Da tippte mich mein Kumpel an und sagte: „Jetzt, mein Freund, fällt das 0:1“. Ecke Plattenhardt, Kopfball Boyata und der Ball zappelte tatsächlich im Netz. Nach nur vier Minuten war das Ergebnis des Hinspiels ausgeglichen und Hertha BSC hatte 86 Minuten Zeit, den Klassenerhalt durch ein weiteres Tor doch noch klarzumachen.

Das Tor entzündete den letzten Funken im Block und egal, ob Kutte, Boomer, Ultra, alle schrien sich fortan für unseren BSC die Kehle aus dem Leib, während es um uns herum sehr sehr leise wurde. Das Stadion gehörte uns und wir füllten es mit unseren Gesängen, die auf einmal wieder Leidenschaft enthielten, die Hoffnung auf eine bessere Zeit transportierten und so viel Trotz, dass wir es doch noch schaffen können. Wir wurden lauter und lauter und die Mannschaft spielte endlich wie eine Einheit und kämpfte geschlossen für den Klassenerhalt.

Als in der zweiten Halbzeit der Freistoß von Marvin Plattenhardt den Weg ins Tor fand, schrie ich einfach drei Minuten *Jaaaaaaaa* durch und immer wieder *Jaaaaaaaa*. Endlich fühlte ich mich nach zwei Jahren Pandemie wieder lebendig. Dieses Tor war solch ein befreiender Moment, er wischte für einen Moment Corona zur Seite und durch all die Emotionen und das freigesetzte Adrenalin wurde die Bremse des Lebens gelöst und für die Minuten bis zum Abpfiff fuhr ich wie im Autopilotmodus auf Vollgas. Wir schmetterten unser *Hertha BSC heißt unser Verein* aus voller Kehle, wir hüpften und wir klopften im Takt auf die wellblechartige Mauer hinter uns und taten einfach alles, damit die Elf unten auf dem Rasen die maximale Unterstützung erhielt, für den Traum, nächste Saison weiter erstklassig zu sein.

Mit Abpfiff lagen wir uns in den Armen, ob wir nun Nobodys waren wie ich oder Aufstiegshelden wie Michél Dinzey, und DJ Ferry oder Erfolgsautoren und Podacster wie Lukas Vogelsang. Ich drückte Lukas, als wenn wir seit Jahren dicke Freunde wären und dann waren sie da pünktlich zum Klassenerhalt: Tränen wegen eines Fußballspiels und ich merkte, wie viel mir der Sport und vor allen Dingen die Menschen bedeuteten, mit denen ich diese Leidenschaft teilen darf. Auch meinen Kumpel drückte ich von Herzen, jemanden, den ich einen echten Freund nenne und auf den ich mich immer verlassen kann, ob bei der Planung der nächsten Auswärtsfahrt oder wenn es bei Hertha mal ungemütlich wird. Ich glaube, auch bei ihm eine kleine Träne ausgemacht zu haben.

In einem Leben ohne Pandemie hätten wir die Nacht in Hamburg durchgefeiert und anschließend im Van unseren Rausch ausgeschlafen, aber wir entschieden uns, still und leise den Sieg zu genießen und uns auf den Weg nach Hause zu machen. Vorbei an allen enttäuschten Anhängern des Hamburger Sportvereins, die links und rechts im Dunkeln verschwanden.

Als der Regen einsetzte, saßen wir schon im Van und während wir uns zur Autobahn voran arbeiteten, genossen wir den guten alten Frank Zander, der uns in seiner ganz eigenen Art zuflüsterte: *Blau-weiße Hertha, sie lebt.*

So groß die Freude war, dass wir die Klasse gehalten hatten, so sehr fühlte ich mit den Fans vom HSV, die wir im Regen an den Bushaltestellen stehen sahen und die uns zuvor außerhalb der Arena fair begegnet waren.

Ein Verein musste an diesem Abend verlieren, aber gleichzeitig war klar, dass der HSV den Menschen in Hamburg etwas bedeutet und die Menschen, die an diesem Abend enttäuscht nach Hause gingen, es auch verdient hatten, dass ihr Verein erstklassig spielt. Wenn ich mir was wünschen darf, dann zwei Partien Hertha BSC – Hamburger SV in der Bundesligasaison 2023/24.

Auf zu neuen Ufern

Die Hertha Saison 2021/22 brachte den geneigten Hertha-Fan zweitweise an den Rand der Verzweiflung. Mit Dárdai, Korkut und Magath versuchten drei Trainer, den Klassenerhalt zu bewerkstelligen, während Sportdirektor Arne Friedrich und CEO Carsten Schmidt sich aus verschiedenen Gründen schon während der Saison verabschiedeten.

Nach turbulenten Transferphasen inklusive des zum Meme gewordenen 22-Prozent-Transferbalkens und katastrophalen Leistungen auf dem Rasen schwand bei vielen der Glauben, das Minimalziel Klassenerhalt noch zu erreichen. Lange bevor die Relegation

2022 inklusive Hertha BSC angepfiffen wurde, war sich eine Mehrheit der Anhänger einig, dass es bei Hertha BSC eines Neuanfangs bedurfte.

Kaum strömten die Fans wieder Spiel für Spiel ohne Einschränkungen ins Olympiastadion, hingen auch prompt die Banner über der Ostkurve mit GEGENBAUER UND WINDHORST RAUS.

Die ewig öffentlich ausgetragenen Streitereien zwischen dem Investor und dem Präsidenten hatten das Fass bei Herthas Anhängern zum Überlaufen gebracht.

Zehn Jahre nach dem letzten Versuch, den damaligen Geschäftsführer Sport und Kommunikation samt Werner Gegenbauer zu entmachten, formte sich eine neue Opposition.

Die Herthaner hatten auf jede erdenkbare Art und Weise genug für Hohn und Spott hergehalten, zudem die sportliche Situation kaum zu ertragen war.

In einer Sache waren sich alle einig: Bei der nächsten Mitgliederversammlung, auf der die Wahl zum Aufsichtsrat anstand, würde es heiß hergehen. Ziel des gesammelten Fanfrusts war erneut Präsident Werner Gegenbauer, der bei Hertha BSC stets unsichtbar für die Fans regierte, außer, wenn sein Widersacher, der Investor Lars Windhorst, ein Interview gab.

Dieser öffentlich ausgetragene Streit war umso verwunderlicher, da es ja Werner Gegenbauer war, der jahrelang nach einem strategischen Partner für Hertha BSC gesucht und diesen in Lars Windhorst und der Tennor Holding gefunden hatte.

Das Big-City-Club-Gerede und der damit verbundene Hohn und Spott inklusive fehlender Haltung zu Themen wie 50+1 oder kolossalen Fehleinschätzungen vergangener Tage (als der Fan sehenden Auges in den Abstieg blickte und Gegenbauer von „einer sportlichen Delle“ sprach) hatten die Unterstützung für Gegenbauer Jahr für Jahr sinken lassen.

Während ein Teil der Fans an Abwahlanträgen des Präsidenten schrieb, der bei der letzten Wahl ohne Gegenkandidaten lediglich 54% der Stimmen erhalten hatte, bot jemand ganz anderes pragmatisch seine Hilfe an.

Lange war es um den ehemaligen Capo der Ostkurve und Mitgründer der Ultragruppierung Harlekins Berlin ’98 still gewesen, doch plötzlich war Kay Bernstein wieder da und bot sich samt eigener Internetpräsenz wirherthaner.de an, Präsident von Hertha BSC zu werden, sollte Werner Gegenbauer zurücktreten.

Mit fortlaufender Dauer und Zuspitzung der sportlichen Lage und dem zudem schwelenden Streit mit Lars Windhorst, der dazu übergegangen war, eine weitere Zusammenarbeit mit Werner Gegenbauer kategorisch abzulehnen, pfiffen es die Spatzen von den Dächern, dass Gegenbauer einer Abwahl zuvorkommen würde.

Einen Tag nach dem Relegationsrückspiel beim Hamburger SV und dem erreichten Klassenerhalt durch dem 2:0-Sieg im Volkspark war es dann so weit und Werner Gegenbauer legte sein Amt als Präsident von Hertha BSC nieder.

In seine Amtszeit fielen zwei Abstiege, nach denen er jeweils weiter an Geschäftsführer Sport und Kommunikation Michael Preetz festhielt, zwei Aufstiege mit Markus Babbel und Jos Luhukay, aber vor allen Dingen der Einstieg von Investor KKR (und später Tennor) unter seiner Führung wird in Erinnerung bleiben. Dass Hertha BSC unter Preetz und Gegenbauer auch kurzeitig im Europapokal vertreten war, ist aufgrund der aktuellen sportlichen Lage und der knapp erfolgreich bestrittenen Relegation wohl eher eine Randnotiz.

Mit Werner Gegenbauer erklärte auch der langfristige Geschäftsführer Ingo Schiller seinen Rücktritt und machte den Weg frei für die nächste Generation.

Hertha BSC stand am 24. Mai 2022 somit ohne Präsidenten und Trainer da. Auf der folgenden Mitgliederversammlung, bei der Abwahlanträge gegen das gesamte Präsidium vorlagen, legte auch Vizepräsident Thorsten Manske sein Amt nieder.

Kay Bernstein hatte seine Präsidentschaftskandidatur zum richtigen Zeitpunkt eingereicht. Der ehemalige Ultra hatte diese Ereignisse antizipiert und war somit jetzt in der Pole-Position für die Nachfolge von Werner Gegenbauer.

Im Herthakosmos freundete man sich nach gegenseitigem Beschnuppern damit an, neue Wege zu gehen und ein neues Kandidatenprofil zu akzeptieren. Bernstein, Geschäftsführer einer Eventagentur, dreißig Jahre jünger als Werner Gegenbauer, ein Kind der Kurve als Präsident: Ja, warum denn nicht, dachte man so langsam.

Der ein oder andere brachte sich noch ins Gespräch für den Posten des Herthapräsidenten, doch ein wirklicher Konkurrent trat erst kurz vor der Wahl auf die Bühne. Auftritt Frank Steffel. Der

CDU-Politiker mit dem wunderbaren Spitznamen *Kennedy von der Spree*, der einst um den Posten des Bürgermeisters in Berlin kandidiert und verloren hatte, warf seinen Hut in den Ring. Und zwar auf Wunsch des Aufsichtsrates, der ihn darum gebeten hatte, zu kandidieren. Steffel, durch langjähriges Engagement bei den Reinickendorfer Füchsen im präsidialen Auftreten geübt, fachte den Wahlkampf um das Amt des Präsidenten erneut an. Während Bernstein mit den Fans sprach und einen Workshop für die Zukunft von Hertha BSC veranstaltete, sprach Steffel vor allen Dingen zur Presse.

Der Aufsichtsrat oder Teile des Gremiums schienen auf den ersten Blick nicht unerfolgreich in ihrem Ansinnen, die alten Vereinsstrukturen zu erhalten. Steffel brachte das langjährige Präsidiumsmitglied Ingmar Pering davon ab, selbst für das Amt des Präsidenten zu kandidieren. Fortan trat Pering als Kandidat für das Amt des Vizepräsidenten an. Vor dem Charme Steffels waren auch ehemalige Fußballprofis nicht sicher. So meldete sich Vereinslegende Pál Dárdai nach langer Zeit von einem unbekannten Ort, vermutlich von einem Hotelpool, zu Wort und sprach sich für Frank Steffel als neuen Herthapräsidenten aus.

Wer sich Mühe gab, konnte hier vielleicht noch eine Verbindung erkennen, denn Páls Frau ist ehemalige Handballspielerin und sicherlich besuchten die Dárdais die ein oder andere Handballpartie in der Max-Schmeling-Halle, na klar.

Dick van Burik und Marko Pantelić waren bisher allerdings nicht als Freunde des Handballs aufgefallen, noch hatte man von den beiden (sieht man von Marcelinhos Abschiedsspiel und van Buriks Funktion in einer Fußballagentur ab) etwas gehört bezüglich Hertha BSC.

Aber Frank Steffel, den Kennedy von der Spree, den kannten sie natürlich und weil sie sich Sorgen machten um Hertha BSC, sollten doch alle Mitglieder für eine bessere Zukunft Frank Steffel wählen. Frank Steffel selbst unterbreitete Kay Bernstein öffentlich mehrfach das Angebot, gemeinsam für Hertha BSC zu agieren. Wie ein väterlicher Freund sprach er über Bernstein und seine Fähigkeiten, Fankreise zu erreichen, die er vermutlich niemals erreichen konnte. Er bot ihm die Zusammenarbeit an, natürlich unter ihm als Präsident.

Ganz offen gab sich Steffel bei einer der Stimmen rund um BSC. Beim YouTuber Felicio1892, bei dem zuvor auch schon Bernstein zu

Gast war, sprach Steffel Klartext: „Das Establishment von Hertha BSC will Kay Bernstein als Präsidenten nicht.“

Er verkannte dabei, dass das Establishment bei Hertha BSC die Mitglieder des Vereins sind, nicht die Herren und Damen, die unter Gegenbauer Posten bekleideten, um die sich der ein oder andere jetzt sorgte.

Im Internet war es längst ein Grabenkampf zwischen den Lagern geworden. Der eine Kandidat wollte den Verein einen und der andere Kandidat zukünftig gemeinsam voran gehen. Den Showdown gab es im Rahmen der Außerordentlichen Mitgliederversammlung im Berliner City Cube. In sechs Minuten Redezeit mussten die Kandidaten die Anwesenden davon überzeugen, für die Zukunft von Hertha BSC zu stehen.

Als Kay Bernstein in der Hertha-BSC-Jacke, die anlässlich des 25-jährigen Aufstiegsjubiläums aufgelegt wurde, die Bühne betrat und eine Rede über seine Vision eines Neuanfangs für Hertha BSC hielt, standen an deren Ende die Mitglieder auf und zollten Bernstein Standing Ovations.

In diesem Moment schien die Wahl bereits entschieden. Doch noch stand die Rede Frank Steffels aus. Dieser verbrachte handgestoppte fünfundvierzig Minuten auf der Bühne. Nachdem er seine wirtschaftlichen Kontakte in die Waagschale geworfen und Bernstein erneut die Zusammenarbeit angeboten hatte, gab es reichlich kritische Fragen der Mitglieder und auch Pfiffe.

Und dann brach um 13:30 Uhr tatsächlich die Revolution bei Hertha BSC aus. Kay Bernstein wurde mit 1.670 Stimmen zum neuen Präsidenten von Hertha BSC gewählt. Wie beim Rückspiel der Relegation in Hamburg brachen mit der Verkündung des Ergebnisses alle Dämme im Saal. Die bei Hertha BSC oft vermisste Leidenschaft, die Freude, gar eine Euphorie hielt Einzug in die schnöden Messehallen. In den ersten Reihen wurde gestenreich unser Schlachtruf *Ha Ho He Hertha BSC* angestimmt, während Kay Bernstein weiterhin in der mittlerweile umgetauften Bernsteinjacke gerührt die Glückwünsche auf der Bühne entgegennahm.

Da ist sie wieder, diese Gänsehaut, wenn jemand, dem Hertha BSC so viel bedeutet wie uns Menschen in der Ostkurve, den Menschen, die auswärtsfahren und denen, die bei jeder Niederlage leiden und trotzdem wiederkommen, zum Präsidenten gewählt wird.

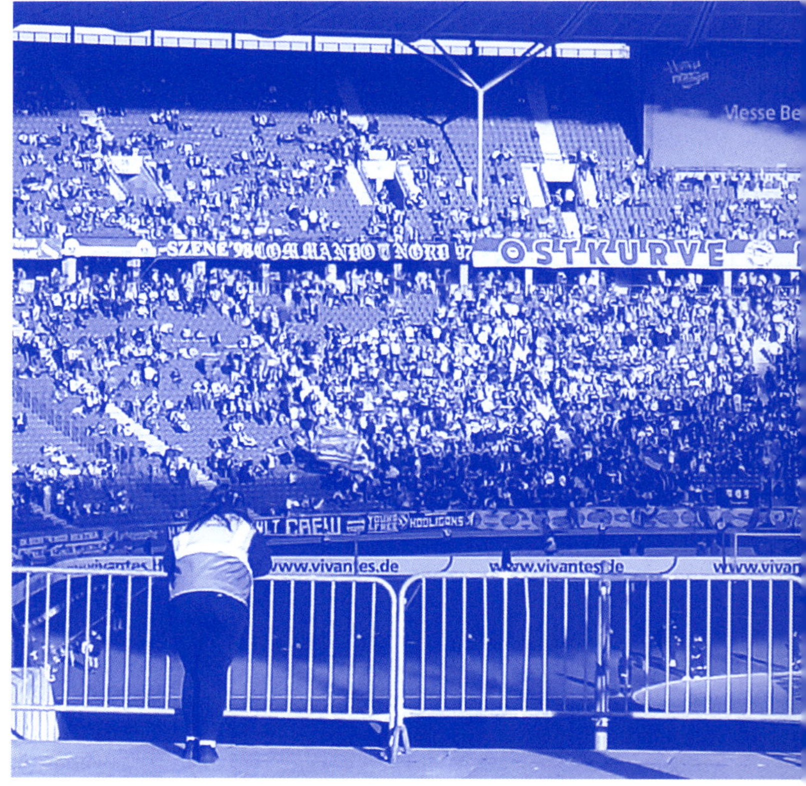

Kay Bernstein genießt bei uns Herthanern dieses Vertrauen, den Verein in die richtigen Bahnen lenken zu können. Und zwar gemeinsam mit uns. Dabei ist Bernstein weder im alten Westen der Stadt sozialisiert noch aufgewachsen. Wir legen unser Vertrauen in einen Sachsen, der in jungen Jahren weite Wege vom anderen Ende der Stadt gefahren ist, um unsere Hertha spielen zu sehen. Einer aus der Kurve, der dieser entwachsen ist, einer wie wir.

Es fühlt sich an, als hätten wir Herthaner uns unseren Club zurückgeholt. Zurück von den Politikern, den Geschäftsleuten und den Beratern – den Menschen, die Agenturen beauftragen, um uns Fans zu verstehen.

Hertha BSC hat jetzt die Chance auf einen Neuanfang, die Chance, Berlin zu leben, statt Berlin sein zu wollen, ein Verein für

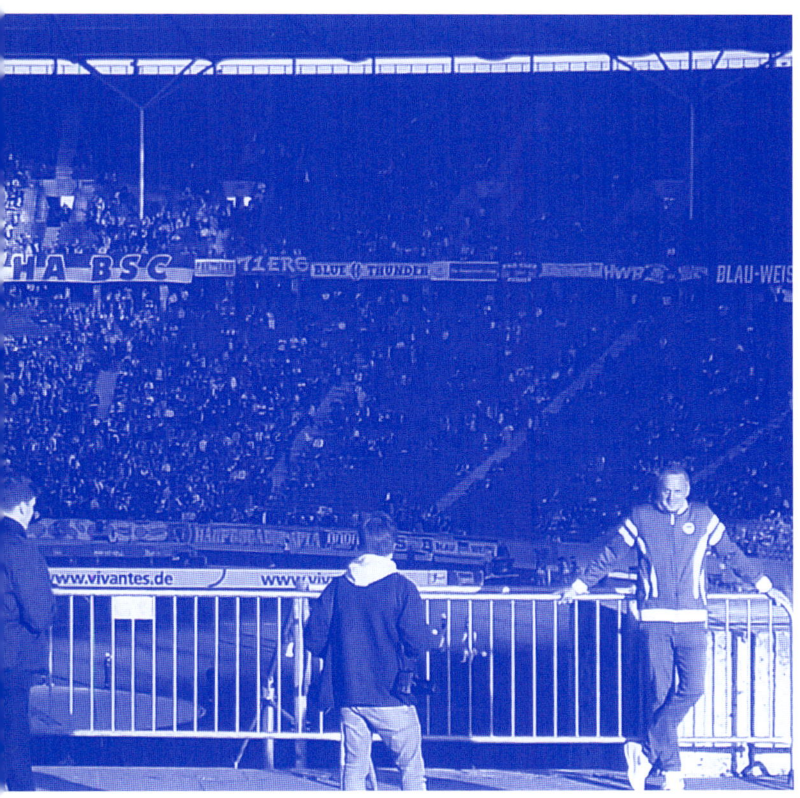

alle, in dem auch Mädchen und Frauen gegen den Ball treten, mit Fans, deren soziales Engagement gesehen, honoriert und gefördert wird. Viele Aufgaben liegen vor uns: Wir müssen diverser, internationaler werden, so wie unsere Stadt und es gilt ein Stadion zu bauen. Gemeinsam können wir es schaffen.

Es ist der Tag, an dem ich nach 25 Jahren meiner ganz eigenen Reise mit Hertha BSC – wobei ich oft mit dem Verein gefremdelt und mich von Gegenbauer und seinem bürgerlichen Präsidium nie vertreten gefühlt habe – meinen Mitgliedsantrag eingereicht habe.

Ab heute gilt: Ich bin ein Herthaner.

In der Reihe Bibliothek des Deutschen Fußballs sind bereits erschienen:

Bd. 1 1. FC Union Berlin (Jörn Luther)
Bd. 2 SV Babelsberg 03 (Rico Noack)
Bd. 3 BFC Dynamo (Marco Bertram)
Bd. 4 FC Energie Cottbus (Jens Batzdorf)
Bd. 5 1. FC Lokomotive Leipzig (Freundeskreis Probstheida)
Bd. 6 BSG Chemie Leipzig (Alexander Mennicke)
Bd. 7 1. FC Magdeburg (Jente Knibbiche)
Bd. 8 F. C. Hansa Rostock (Marco Bertram)
Bd. 9 1. FC Nürnberg (Benjamin Wolf)
Bd. 10 FC Rot-Weiß Erfurt (Matthias Klaß)
Bd. 11 1. FC Köln (Andreas Merkel)
Bd. 12 SG Dynamo Dresden (Uwe Leuthold)
Bd. 13 FC Sankt Pauli (Fabian Fritz & Gregor Backes)
Bd. 14 SV Waldhof Mannheim (Andi Nowey)
Bd. 15 FC Carl Zeiss Jena (Jörg Dern & Toni Schley)
Bd. 16 FC Bayern München (Marcel Neudeck)
Bd. 17 Borussia Mönchengladbach (Steffen Andritzke)
Bd. 18 Eintracht Braunschweig (Uli Hannemann)
Bd. 19 S. C. Fortuna Köln (Heribert Rösgen & Matthias Langer)
Bd. 20 FSV Frankfurt (Franziska Blendin)
Bd. 21 BSG Wismut Gera (Mario Krüger)
Bd. 22 FSV Zwickau (Norbert Peschke & Dieter Völkel)
Bd. 23 Fußball in der DDR (Frank Willmann)
Bd. 24 TSV 1860 München (Stephanie Dilba)
Bd. 25 VfB Stuttgart (Andreas Zweigle & Sebastian Rose)
Bd. 26 Kickers Offenbach (Steffie Wetzel)
Bd. 27 VfL Bochum (Fabian Budde)
Bd. 28 FC Erzgebirge Aue (Burg)
Bd. 29 1. FC Saarbrücken (Carsten Pilger)
Bd. 30 Karlsruher SC (Peter Dittmann)
Bd. 31 Borussia Dortmund (Eva Kienholz & Nikita Afanasjew)
Bd. 32 Eintracht Frankfurt (Dominik Bardow)
Bd. 33 Fortuna Düsseldorf (Julian Rieck)
Bd. 34 1. FC Kaiserslautern (Eric Scherer)
Bd. 35 SC Paderborn (Stephan Simann)
Bd. 36 SC Preußen Münster (Carsten Schulte)
Bd. 37 SV Darmstadt 98 (Tim Strack)

Bd. 38 SV Werder Bremen (Hannes Köhler)
Bd. 39 SV Eintracht Trier 05 (Fanszene Trier)
Bd. 40 1. FSV Mainz 05 (Oliver Heil & Mara Pfeiffer)
Bd. 41 Flensburg 08 (Frank-Peter Hansen)
Bd. 42 Alemannia Aachen (Paul Arns)
Bd. 43 VfL Wolfsburg (Lars M. Vollmering aka Lenny Nero)
Bd. 44 Rot-Weiss Essen (Andreas Crom)
Bd. 45 SV Meppen (Alexander Bosch & Michael Reckordt)
Bd. 46 Hallescher FC (Michael Bendix)
Bd. 47 SV Stuttgarter Kickers (Frank-Michael Lange, Dieter Beck, Michael Wurst et al)
Bd. 48 VfL Osnabrück (Heiko Schulze & Kalla Wefel)
Bd. 49 FC Würzburger Kickers (Steffen Krapf)
Bd. 50 MSV Duisburg (Ralf Koss alias Kees Jaratz)
Bd. 51 Vorwärts Berlin/Frankfurt (Oder) (Marco Bertram)
Bd. 52 Beim Fananwalt (René Lau)
Bd. 53 DSC Arminia Bielefeld (Jan-Hendrik Grotevent)
Bd. 54 SV Sparta Lichtenberg 1911 (Marco Bertram)
Bd. 55 Tennis Borussia Berlin (Daniel Stolzenbach)
Bd. 56 Hamburger SV (Lars Eddelbüttel & Paula Scholz)
Bd. 57 SG Wattenscheid 09 (Kö & Mucki)
Bd. 58 Wacker 04 (Markus Franz)
Bd. 59 Hertha BSC (Benjamin Moser)

In der Reihe Bibliothek des Österreichischen Fußballs sind bereits erschienen:

Bd. 1 First Vienna Football Club (Alexander Juraske)
Bd. 2 SK Rapid Wien (Thomas Lanz)
Bd. 3 Wiener Sport-Club (Christian Bunke)
Bd. 4 FK Austria Wien (Clemens Zavarsky)

In der Reihe Bibliothek des Internationalen Fußballs sind bereits erschienen:

Bd. 1 Partizan Belgrad (Boban Lapčević)
Bd. 2 In 90 Minuten um die Welt (Michael Stoffl)
Bd. 3 Buenos Aires (Lukas Lange)
Bd. 4 Destination Flutlicht (Eckart Preen)